अर्थिंग (भू संयोजन)

EARTHING

रनवीर सिंह

समर्पण

विद्युत का सुरक्षा पूर्ण उपयोग करने में अर्थिंग की अपनी महत्वपूर्ण भूमिका रहती है ।
विद्युत से सम्बन्धित समस्त विद्युत प्रदाता और उपयोगकर्ता दोनों को ही यह लेख
समर्पित है जिससे अर्थिंग के उचित उपयोग को जानते हुए और उस तरह की सावधानियां
बरतते हुए मानव जीवन के साथ - साथ संपत्ति को सुरक्षित रख पाने में उनका योगदान
अति महत्वपूर्ण है ।

क्रम-सूची

क्रम-सूची

ट्रांसफार्मर फ्यूज रेटिंग/क्षमता : - वितरण ट्रांसफार्मर 11/0.4 केवी   55

पावर ट्रांसफार्मर फ्यूज रेटिंग/क्षमता : - पावर ट्रांसफार्मर 33/11 केवी   57

• vi •

प्रस्तावना

अर्थ (ग्राउंड) – EARTH (GROUND) तथा अर्थिंग (ग्राउंडिंग) – EARTHING (GROUNDING) – भू संयोजन/सम्पर्कन

अर्थ (Earth) तथा ग्राउंड (Ground) दोनों ही शब्द अंग्रेजी भाषा के हैं जिनका सामान्य मतलब (निष्कर्ष) हिन्दी के शब्द - भू, भूमि, धरा, जमीन, मिट्टी, पृथ्वी, धरती, छिति से ही है । अर्थिंग (ग्राउंडिंग) का तात्पर्य भूमि से सम्पर्क करना होता है जिसे भू – सम्पर्कन/भू - संयोजन कहते है । रामचरित मानस पुस्तक की चौपाई – छिति जल पावक गगन समीरा । पंच रचित यह अधम सरीरा ।। शरीर पांच आवश्यक अवयव भूमि, जल, अग्नि, आकाश और वायु से ही निर्मित है । मानव जीवन भूमि पर ही है अन्य अवयवों के साथ । मानव का भूमि से सम्बन्ध है । ठीक इसी प्रकार विद्युत् (बिजली) का सम्बन्ध भी भूमि से है । जब आसमान में विपरीत आवेश (चार्ज) के बादल टकराते है तब आवेश के कारण बिजली का प्रकाश तथा टकराने से ध्वनि दोनों ही उत्पन्न होते हैं । लेकिन बिजली प्रकाश की गति (प्रकाश गति 299,792,458 मीटर प्रति सेकेण्ड (3x10 * 8 मीटर प्रति सेकेण्ड)) अधिक होने से पहले बिजली प्रकाश दिखाई देता है, परन्तु ध्वनि बाद में सुनाई देती है क्योंकि ध्वनि की गति (340 मीटर प्रति सेकेण्ड) काफी कम है अत: पहले प्रकाश और बाद में ध्वनि क्रमश: दिखाई और सुनाई देते हैं । बिजली इतिहास लगभग 250 - 300 वर्ष पुराना है लेकिन मानव जीवन बहुत पुराना है । जब बिजली नहीं थी तब भी बड़ी – बड़ी ऊंची इमारतों (महलों, भवनों, किलों तथा पूजा स्थलों) को आसमानी बिजली के प्रकोप से बचाने के लिए तड़ित चालक का उपयोग किया जाता था और वह आज भी उपयोग किया जा रहा है । इसका भी मुख्य सिद्धांत आसमानी (आकाशीय) बिजली को जमीन में ले जाना होता है जिससे आसमानी बिजली से इमारतें सुरक्षित रह सकें । इसी प्रक्रिया से ही अर्थिंग की होती है । अर्थिंग व्यवस्था वह साधन है जिससे विद्युत् उपकरण सुरक्षित रहते हैं तथा मानव, जीवधारी और सम्पत्ति भी सुरक्षित रहते हैं ।

सामान्यत: अर्थिंग प्रकार निम्नानुसार होते हैं –

1. बिना करेंट का कनेक्शन - सुचालक जिनमें बिजली प्रवाहित नहीं होती उनकी अर्थिंग ।
2. करेंट का कनेक्शन (न्यूट्रल का कनेक्शन) – न्यूट्रल - अर्थिंग (ग्राउंडिंग), सुचालक जिनमें बिजली प्रवाहित होती जैसे न्यूट्रल उनकी अर्थिंग ।
3. तड़ित का कनेक्शन - तड़ित - अर्थिंग (लाइटनिंग अरेस्टर - अर्थिंग)
4. अस्थाई (टेम्परेरी) अर्थिंग – जहां पर कोई अर्थिंग व्यवस्था नहीं होती है, वहां अर्थिंग की जरुरत पड़ने पर, जैसे खुले मैदान में बंद लाइन को डिस्चार्ज करने के लिए अर्थिंग पॉइंट की जरुरत होती है तब ऐसे समय अर्थिंग व्यवस्था (एक रोड जमीन में गाड़कर)

करते हैं सुचालक जिनमें बिजली प्रवाहित नहीं होती उनकी अर्थिंग ।

अर्थिंग – अर्थिंग का अर्थ है बिना करेंट का कनेक्शन । धातु के विभिन्न भागों का सम्पर्क जमीन पर ले जाना अर्थिंग है । अर्थिंग मानव और उपकरण सुरक्षा के लिए है ।

बिजली की संतुलित परिचालन स्थितियों के तहत प्रणाली (सिस्टम), अर्थिंग सिस्टम कोई भूमिका नहीं निभाता है । लेकिन किसी भी ग्राउंड फॉल्ट की स्थिति के तहत, यह ग्राउंड फॉल्ट करेंट को मानव सुरक्षा को खतरे में डाले बिना भूमि पर लाने में सक्षम बनाता है ।

विद्युत् का झटका एवं मानव अवयव -

बिजली का झटका तभी संभव है जब इंसान का शरीर असमान क्षमता के दो बिंदुओं (वोल्टेज अन्तर) को कवर करता है, जैसे चालू वोल्टेज सर्किट और जमीन का शून्य (जीरो) वोल्ट ।

मानव शरीर के लिए अधिकतम सहनीय धारा (करेंट) है एक सेकंड के लिए 160 मिलीएम्पीयर, यदि यह सीमा पार हो जाती है, तो यह वेंट्रिकुलर फाइब्रिलेशन (हार्ट अटेक) के कारण मृत्यु का होना होता है ।

उपरोक्त बिन्दुओं पर ध्यान रखते हुए विद्युत प्रणाली में अर्थिंग की महत्वपूर्ण भूमिका है । जिसका संक्षिप्त विवरण इस पुस्तक के माध्यम से प्रस्तुत किया गया जिससे अर्थिंग का अधिक से उचित उपयोग कर उपकरण और मानव को अधिक सुरक्षित रखा जा सके । यही उद्देश्य है ।

विद्युत शब्दावली

विद्युत शब्दावली

करंट (इलेक्ट्रिक करंट/विद्युत धारा) -

सभी पदार्थ एक या एक से अधिक तत्वों (एलिमेंट्स) से बने होते हैं जो एक प्रकार परमाणु (एटम) से बने होते है । अक्सर पदार्थों को प्रोटोन्स और इलेक्ट्रोन्स की संख्या से पहचाना जाता है जो किसी परमाणु के तत्व में होते हैं । जिस किसी परमाणु में इलेक्ट्रॉन और प्रोटोन की संख्या बराबर होती है वह विद्युत की दृष्टि से न्यूट्रल होता है । किसी परमाणु की बाहरी पट्टी (कक्षा/ओरबिट) में स्थित इलेक्ट्रोनों को बाहरी ताकत का इस्तेमाल करके आसानी से हटाया जा सकता है ।

किसी पदार्थ में फ्री इलेक्ट्रोन्स का प्रवाह एक एटम से अगले एटम तक उसी दिशा तक होता है और इसको करंट कहते हैं । इसके लिए अंग्रेजी अक्षर आई (I) प्रतीक होता है । इसे एम्पीयर में नापते हैं । एक एम्पीयर करंट का मतलब है कि एक कुलम्ब चार्ज किसी कंडक्टर के एक पॉइंट से प्रत्येक सेकेंड में पास (गुजरता) होता है । एक एम्पीयर को कुलम्ब पर सेकेंड भी कहते हैं । एक एम्पीयर करंट का मतलब होता है कि किसी कंडक्टर के क्रॉस सेक्शन से 6.24 x 10 की पावर18 इलेक्ट्रॉन मूव करते हैं ।

करंट एम्पीयर में नापने वाले उपकरण को एम्पीयर मीटर कहते हैं, यद्यपि टोंगटेस्टर से भी करंट नापा जाता है । एम्पीयर मीटर से करंट नापने के लिए एम्पीयर मीटर को परिपथ (सर्किट) के श्रेणी क्रम (सीरीज) में लगाते हैं । टोंगटेस्टर से करंट नापते समय टोंगटेस्टर के क्लैम्प (जौ) को खोलकर उस कंडक्टर/केबिल को क्लैम्प के अंदर कर लेते हैं और कलैंप बंद रखते हैं यह सीटी के सिद्धांत पर कार्य कर करंट नापता है । उच्च वोल्टेज की लाइनों का करंट सीटी (करंट ट्रांसफार्मर) की मदद से नापते हैं इन्हें श्रेणी (सीरीज) क्रम में लगाते हैं ।

वोल्टेज –

जितनी ताकत बिजली के प्रवाह को किसी कंडक्टर से होकर मूव करने में जरूरी होती है उसको पोटेन्शियल डिफरेंस वोल्टेज या इलेक्ट्रोमोटिव फोर्स (ईएमएफ) कहा जाता है । वोल्टेज की माप की यूनिट है वोल्ट जिसे अक्सर अंग्रेजी अक्षर वी (V) से लिखते हैं । वोल्टेज को कई प्रकार से पैदा कर सकते हैं । किसी बैटरी में इलेक्ट्रो - कैमिकल प्रोसेस इस्तेमाल किया जाता है लेकिन किसी तार के अलटेनेटर अथवा बिजलीघर के जेनरेटर में मैग्नेटिक इंडक्शन प्रोसेस का प्रयोग किया जाता है । सभी वोल्टेज स्रोत में इलेक्ट्रॉन एक सिरे से और दूसरे सिरे अधिक और दूसरे सिरे पर कम होते हैं । दो टर्मिनलों के बीच परिणामस्वरूप डिफरेंस ऑफ पोटेंशियल आता है । वोल्टेज सोर्स के डायरेक्ट करंट (डीसी) में टर्मिनलों की पोलरिटी चेंज नहीं होती । परिणाम ये होता है कि करंट एक ही दिशा में निरंतर बहता रहता है ।

वोल्ट नापने वाले उपकरण को वोल्टमीटर कहतें है । वोल्टेज हमेशा दो लाइनों (फेज टू न्यूट्रल, या फेज टू फेज) के बीच नापा जाता हैं, इसलिए वोल्टमीटर को समानान्तर (पैरेलल) क्रम में लगाते हैं । उच्च दाब लाइनों के वोल्टेज नापने के लिए पीटी (पोटेन्शियल ट्रांसफार्मर) के द्वारा नापते हैं, पीटी के अनुपात (रेशों) 11 केवी/110 वोल्ट, 33 केवी/110 वोल्ट रहते हैं और इन्हें समानान्तर (पैरेलल) क्रम में ही लगाते हैं

प्रतिरोध (रेसिसटेन्स) –

यह सभी पदार्थों में होता है और विद्युत प्रवाह (इलेक्ट्रिसिटी फलो) का विरोधी होता है । कुछ पदार्थों में अन्य के मुक़ाबले ज्यादा रेसिसटेन्स होता है । चांदी, तांबा, एल्यूमिनियम और लोहे जैसी कुछ धातुओं में कम रेसिसटेन्स होता है और इनको बिजली का अच्छा सुचालक (गुड कंडक्टर) कहा जाता है । प्लास्टिक, कांच, अभरक, रबड़ और लकड़ी में रेसिसटेन्स ज्यादा होता हैं और इन्हे विद्युत का कुचालक (बेड कंडक्टर) माना जाता है । इसलिए इनको इंसुलेटर (बचाव करने वाले) के तौर पर इस्तेमाल किया जाता है । किसी पदार्थ में कितना रेसिसटेन्स होगा यह उसके गठन, लंबाई, क्रॉस सेक्शन और रेसिस्टिव मैटेरियल के तापमान (टेम्परेचर) पर निर्भर करेगा । एक नियम के रूप में किसी कंडक्टर का रेसिसटेन्स तब बढ़ जाता है जब उसकी लंबाई बढ़ती है अथवा क्रॉस सेक्शन घट जाता है । रेसिस्टेंस के लिए प्रतीक के रूप में आर (R) लिखा जाता है । रेसिस्टेंस के नापने की यूनिट (इकाई) को ओहम कहते हैं और इसे नापने वाले उपकरण को ओहममीटर कहा जाता है ।

विद्युत परिपथ (इलेक्ट्रिक सर्किट) -

एक साधारण विद्युत परिपथ (सिम्पल इलेक्ट्रिक सर्किट) में वोल्टेज सोर्स, कुछ तरह का लोड और कंडक्टर होते हैं, जिनसे होकर इलेक्ट्रॉन वोल्टेज सोर्स और लोड की तरह फलो करते हैं ।

ओहम का नियम –

ओम का नियम ये दर्शाता है कि करेंट वोल्टेज के बढ़ने से बढ़ता है और घटने से घटता है । और रेसिस्टेंस का उल्टा होता है । करेंट (आई - I) को एम्पीयर्स में मापा जाता है । वोल्टेज को (वी - V या ई - E) वोल्ट में और रेसिस्टेंस (आर - R) को ओम में मापा जाता है ।

ओम के नियम के अनुसार इसे प्रकट करने लिए तीन तरीके हैं –

1 - वोल्ट (वी) = करेंट (आई) x रेसिस्टेंस (आर), V = I X R

2 – करेंट (आई) = वोल्ट (वी)/रेसिस्टेंस (आर), I = V/R

3 – रेसिस्टेंस (आर) = वोल्ट (वी)/करेंट (आई), R = V/I

पावर (शक्ति) (P) -

जब भी किसी फोर्स के कारण मोशन (गति) पैदा होता है काम पूरा होता है । अगर बिना मोशन के फोर्स लगाया जाता है तो कोई काम नहीं होता है । किसी इलेक्ट्रिक सर्किट में जब भी किसी कंडक्टर पर वोल्टेज एप्लाई किया जाता है तो उसके कारण इलेक्ट्रोन्स प्रवाहित होने लगते हैं । वोल्टेज फोर्स है और इलेक्ट्रॉन का प्रवाह मोशन है । पावर वह रेट (दर) है

जिससे काम हो जाता है और इसके लिए प्रतीक पी (P) लिखा जाता है । पावर की माप वाट है और इसके लिए प्रतीक के रूप में डब्ल्यू (W) लिखा जाता है । किसी डायरेक्ट करंट (डीसी - DC) सर्किट में एक वाट वह दर है जिससे काम तब हो जाता है जब एक वॉल्ट के कारण एक एम्पीयर करंट का प्रवाह होता है ।

पावर का सूत्र (फार्मूला) है – पावर (पी) = वोल्टेज (वी) X करेंट (आई), P = V X I

जबकि आल्टरनेटिंग करंट (एसी - AC) और वोल्टेज निरंतर भिन्न होते हैं । इनको साइन वेव से प्रस्तुत करते हैं इसकी दो डायरेकशन पोजिटिव और नेगेटिव होती हैं । एक साइन वेव 360 डिग्री में चक्राकार प्रवाहित होती है, इसे एक साइकिल कहा जाता है । आल्टरनेट करंट इन्हीं अनेक साइकिलों से हर सेकेंड गुजरता है ।

तब पावर का सूत्र (फोरमुला) निम्नानुसार होता है –

पावर (पी - P) = वोल्टेज (वी) X केरेंट (आई) X कोस फ़ाई, P = V X I X COS faee

यहाँ यह स्पष्ट करना आवश्यक है कि कोस फ़ाई का मान एक या एक से कम होता है । डीसी सर्किट में कोस फ़ाई का मान एक होता है क्योंकि वोल्टेज और करेंट एक ही दिशा में होते हैं अर्थात 0 डिग्री ।

वास्तविक (रियल) पावर की बेसिक यूनिट होती है वाट (डब्ल्यू W), इंटरनेशनल सिस्टम ऑफ यूनिटस (एसआई) में इसका इस्तेमाल होता है । परिभाषा के रूप में एक वाट बराबर होता है प्रति सेकेंड एक जूल ऑफ एनर्जी । बिजली की शब्दावली में इसे उस पावर के रूप में दिखाया जाता है जो एक वाट की दर से तब खपत की जाती है जब एक वोल्ट के पोटेंशियल डिफरेंस से एक एम्पीयर प्रवाहित होता है । यानि एक वाट = एक वोल्ट x एक एम्पीयर (W = V X I)

पावर को मापने की कई विभिन्न यूनिट (इकाई) हैं । इलेक्ट्रिक मोटर की पावर अश्व - शक्ति (हॉर्स पावर = एच पी = HP) और किलोवाट (के डब्ल्यू - KW) में मापते हैं । जबकि ट्रांसफारमर को केवीए (KVA) और एमवीए (MVA) में मापते हैं । एक अश्व शक्ति (हॉर्स पावर = एचपी - HP) 746 वाट(डब्ल्यू - W) या 0.746 किलोवाट(के डब्ल्यू - KW) के बराबर होता है ।

ऊर्जा (एनर्जी) : - (यूनिट - किलोवाट आवर - केडब्ल्यूएच – KWH)

ऊर्जा की एसआई यूनिट होती है जूल (जे - J)। जूल का इस्तेमाल मुख्य रूप से विज्ञान में होता है । ये ऊर्जा की वह मात्रा है जो एक न्यूटन (एक एन - N) ऊर्जा के स्रोत की तरफ किसी वस्तु को एक मीटर खिसकाने में लगती है । जूल अपेक्षाकृत एक छोटी यूनिट होती है लेकिन बिजली की खपत के मामले में आमतौर पर इस्तेमाल की जाने वाली यूनिट जो खासतौर से यूटिलिटी के बिलों में दिखाई जाती है वो है किलोवाट आवर (के डब्ल्यू एच - KWH)। जो उस बिजली का माप है जो विनिर्दिष्ट समय के अंतर्गत, जैसे एक महीने तक बिजली के प्रवाह को दर्शाती है । एक किलोवाट आवर ऊर्जा की वह मात्रा है जो एक घंटे तक एक किलोवाट की दर से प्रवाहित होती है । उदाहरण के लिए एक 100 वाट का बल्ब दस घंटे

में एक किलोवाट एनर्जी खपत करता है । एक किलोवाट का मतलब 3,600,000 जे (जूल) एनर्जी ।

इंडक्टेंस : -

इस पॉइंट पर जिन सर्किटों का अध्ययन किया गया वे रेसिस्टिव हैं । रेसिस्टेंस और वोल्टेज सिर्फ सर्किट की प्रॉपर्टीज़ ही नहीं बल्कि इफेक्टिव करंट फ्लो भी हैं लेकिन इंडक्टेंस किसी इलेक्ट्रिक सर्किट की प्रॉपर्टी होती है जो इलेक्ट्रिक करंट में किसी चेंज का विरोध करती है । रेसिस्टेंस करंट फ्लो का विरोध करता है जबकि इंडक्टेंस करंट फ्लो में चेंज का विरोधी होता है । इंडक्टेंस को अंग्रेजी के एल (L) अक्षर के रूप में दर्शाया जाता है । इंडक्टेंस का यूनिट हेनरी (H) होता है लेकिन हेनरी सापेक्ष रूप में एक बड़ी यूनिट है जबकि इंडक्टेंस मिलीहेनरी अथवा माइक्रोहेनरी के रूप में दर्शाया जाता है ।

किसी कंडक्टर में करंट मैग्नेटिक फील्ड पैदा करता है । करंट की मात्रा मैग्नेटिक फील्ड की स्ट्रेंथ तय करती है । जैसे - जैसे करंट फ्लो बढ़ता है फील्ड स्ट्रेंथ भी बढ़ती है । इसी तरह से जैसे - जैसे करंट फ्लो घटता है, फील्ड स्ट्रेंथ भी घटती है । किसी करंट में अगर कोई चेंज आता है तो कंडक्टर के आस - पास के मैग्नेटिक फील्ड में भी करंट में उतना ही परिवर्तन आ जाता है । किसी रेगुलेटिड डीसी सोर्स के लिए करंट कॉंस्टेंट (स्थिर) होता है।

अपवाद स्वरूप जब सर्किट ऑन या ऑफ कर दिया जाता है तो अथवा जब लोड में चेंज आ जाता है तो ऐसा नहीं होता । लेकिन अल्टरनेट करंट निरंतर बदलता रहता है और इंडक्टेंस लगातार चेंज का विरोधी होता है । किसी कंडक्टर के आस - पास के मैग्नेटिक फील्ड में होने वाला परिवर्तन कंडक्टर के वोल्टेज में भी परिवर्तन लाता है । सेल्फ इनड्यूस्ड वोल्टेज करंट में चेंज को अपोज (विरोध) करता है । इसको काउंटर ई एम एफ (EMF) इलेक्टो मोटिव फ़ोर्स कहते हैं । सभी कंडक्टरों में और बिजली के यंत्रों में पर्याप्त मात्रा में इंडक्टेंस होता है लेकिन इंडक्टर्स क्वाइल या तारों के रूप में स्पेसिफिक इंडक्शन के लिए बंधे होते हैं । कुछ एप्लिकेशन के लिए इंडक्टर्स किसी मेटल कोर के चारों ओर बांधे जाते हैं जिससे इंडक्टेंस और कोन्सेंट्रेट हो जाता है । किसी क्वाइल का इंडक्टेंस क्वाइल में मौजूद घेरों (नंबर ऑफ टर्न्स) के जरिये तय होता है । क्वाइल डाइमीटर तथा लंबाई और कोर मेटेरियल भी इसके अवयव होते हैं । इंडक्टर संकेत रूप में किसी इलेक्ट्रिकल ड्राइंग में घुमावदार लाइन के रूप में दिखाया जाता है ।

कैपेसिटेन्स और कैपेसिटर्स –

कैपेसिटेन्स वह माप होती है जो किसी सर्किट में इलेक्ट्रिकल चार्ज स्टोर करने की क्षमता दिखाती है । कोई ऐसा उपकरण जिसे विनिर्दिष्ट मात्रा में कैपेसिटेन्स स्टोर करने के लिए बनाया जाता है, उसे कैपेसिटर कहते हैं । कैपेसिटर को हिन्दी में संधारित्र कहते हैं । कोई कैपेसिटर कंडक्टिव प्लेट की एक जोड़ी से बना होता है और इसके बीच में इंसुलेटिड मेटेरियल की एक बारीक परत डाली जाती है । इसी इंसुलेटिड मेटेरियल का दूसरा नाम डायलेक्ट्रिक मेटेरियल है । कैपेसिटर को आमतौर पर और इलेक्ट्रिकल ड्राइंग में सीधी लाइन

और घुमावदार लाइन के कंबीनेशन से अथवा दो सीधी लाइनों के रूप में दिखाया जाता है ।

जब किसी कैपेसिटर की प्लेट पर वोल्टेज एप्लाई किया जाता है, एक प्लेट पर इलेक्ट्रोन्स डाले जाते हैं और दूसरी प्लेट से निकाले जाते हैं । इससे कैपेसिटर चार्ज हो जाता है । डायरेक्ट करंट किसी डायलेक्ट्रिक मेटेरियल के आर - पार प्रवाहित नही हो सकता है क्योंकि उसमें इंसुलेटर होता है लेकिन जब भी कैपेसिटर चार्ज हो जाता है डायलेक्ट्रिक के जरिये इलेक्ट्रिक फील्ड पैदा हो जाता है । कैपेसिटर की रेटिंग उस चार्ज की मात्रा से की जाती है जितना चार्ज वह होल्ड कर सकते हैं ।

किसी कैपेसिटर की कैपेसिटेन्स प्लेट के एरिया और दोनों प्लेटों के बीच दूरी तथा डायलेक्ट्रिक मेटेरियल के रूप में इस्तेमाल किए गए पदार्थ के प्रकार पर निर्भर करता है । कैपेसेटेन्स का प्रतीक चिह्न अंग्रेजी का अक्षर सी (C) है, और इसे फेराड एफ (F) के रूप में मापा जाता है । लेकिन फेराड एक बड़ी यूनिट होती है और अक्सर कैपेसिटर्स की रेटिंग माइक्रोफेराड अथवा पीकोफेराड के रूप में की जाती है ।

इंडक्टिव मोटर लोड के लिए कैपेसिटर लगाने से डिस्कोम और उपभोक्ता दोनों को लाभ होता है -

क्र, - डिस्कोम लाभ , - - उपभोक्ता लाभ

1, - कैपेसिटर लगाने से सिस्टम (प्रणाली) का पावर फेक्टर बढ़ता है, - - उपभोक्ता मोटर का पावर फेक्टर बढ़ता है

2, - यदि फीडर का लोड 100 से अधिक 120 - 150 एम्पीयर लोड है तो कैसिटर उपयोग से लगभग 20 से 30 एम्पीयर लोड कम हो जाता है, - - एक 10 अश्व शक्ति मोटर जो लगभग 15 एम्पीयर करंट ले रही थी कैपेसिटर के उपयोग होने पर लगभग 12 – 13 एम्पीयर करंट लेगी

3, - डिस्कोम को राजस्व हानि कम होती है, बिना कैपेसिटर के , - - उपभोक्ता का कम बिल आता है, कैपेसिटर के उपयोग से

4, - कैपेसिटर उपयोग से लाइनों पर लगे उपकरण कम करंट लेने से कम गरम होंगे और पूर्ण दक्षता से कार्य करेंगे, - - कैपेसिटर उपयोग से मोटर अन्य उपकरण कम गरम होंगे व पूर्ण दक्षता से कार्य करेगे

5, - उसी केबिल क्षमता/ट्रांसफार्मर क्षमता से अधिक कनेकशन दिये जा सकते हैं, - - मोटर कम करंट लेने के कारण कम बिजली खर्च करेगी

6, - अच्छे वोल्टेज मिलने से उपभोक्ता/विभाग संतुष्टि होगी, - - अच्छे वोल्टेज मिलने से कम यूनिट और बिल कम होगा, उपभोक्ता को लाभ होगा

लाइन –

लाइनों को विभिन्न प्रकार से वर्गीकृत किया जाता है, जिनमें मुख्य हैं – कंडक्टर लाइन व केबिल लाइन, जमीन के ऊपर लाइन - सर्वोपरि लाइन (ओवर हेड लाइन), भूमिगत (अंडरग्राउंड) लाइन, निम्न दाब (एलटी - लो टेंशन) लाइन, उच्च दाब (एचटी – हाई टेंशन)

लाइन तथा अति उच्च दाब (ईएचटी – एक्स्ट्रा हाई टेंशन) लाइन, निम्न दाब लाइन को पुन: सिंगल फेज व थ्री फेज लाइनों में वर्गीकृत किया जाता है । सिंगल फेज लाइन को - सिंगल फेज टू वायर(फेज व न्यूट्रल) लाइन, सिंगल फेज थ्री वायर (फेज, न्यूट्रल और स्ट्रीट लाइट फेज) लाइन में वर्गीकृत किया गया है, उसी प्रकार से थ्री फेज लाइन को - थ्री फेज फोर वायर (तीन फेज व न्यूट्रल) लाइन, थ्री फेज फाइव वायर (तीन फेज, एक न्यूट्रल और एक स्ट्रीट लाइट फेज) लाइन में वर्गीकृत किया गया है । केबिल को भी सिंगल कोर केबिल, टू कोर, थ्री कोर केबिल, थ्री एंड हाफ कोर केबिल, फोर कोर केबिल, आर्मर्ड केबिल, अनार्मर्ड केबिल, गैस फिल्ड, आयल फिल्ड, एक्सएलपी, एबी (एयर बन्च) केबिल, एलटी केबिल और एचटी केबिल आदि । आयल फिल्ड, गैस फिल्ड केबिल, ईएचवी (अति उच्च दाब) नेटवर्क के लिए होती हैं । कंट्रोल केबिल उप - केन्द्रों पर मीटरिंग, सिगनल, नियंत्रण (कंट्रोल) सर्किटों में प्रयोग होती है।

लाइन को पहचानने के लिए हमेशा उपरोक्त वर्गीकरण के अलावा यह भी बोला जाता है कि लाइन का वोल्टेज क्या है, या लाइन किस वोल्ट की है, जैसे 220 – 230 वोल्ट (फेज टू न्यूट्रल) 400/440 वोल्ट (फेज टू फेज) लाइन एलटी लाइन कहलाती हैं । एचटी लाइन - 11 केवी, 33 केवी और 66 केवी लाइन कहलाती हैं । तथा ईएचटी लाइन – 132 केवी, 220 केवी, 400 केवी, 765 केवी और इससे अधिक वोल्ट की लाइन कहलाती हैं । वोल्ट और केवी (किलो वोल्ट) में 1000 (एक हजार) वोल्ट को ही एक केवी कहते हैं । लाइन में वोल्ट के साथ करंट बहता (चलता) है उसे एम्पीयर में नापते हैं । जब भी लाइन की चर्चा होगी तब लाइन का वोल्टेज और उसमें कितना लोड (भार - करंट) चल रहा (प्रवाहित) है, बोला जाता है ।

आइसोलेटर/एबी स्विच –

ये उपकरण अधिकतर बंद लाइन को खोलने या चालू करने के लिए उपयोग होते हैं, एबी स्विच को एयर ब्रेकर स्विच कहते है क्योंकि यह खुली हवा में खोलना/लगाना होता है । इसमें एक मेल तथा दूसरा फ़ीमेल पार्ट होते हैं, एबी स्विच खुले होने की स्थिति में मेल फेमेल पार्ट एक दूसरे से अलग होते हैं या इसी को एबी स्विच का खुला होना कहते हैं । जब मेल और फ़ीमेल पार्ट्स एक दूसरे के संपर्क में होते हैं उस स्थिति को एबी स्विच का चालू रहना या लगा होना कहते हैं । आइसोलेटर एबी स्विच इस प्रकार भिन्न होता है कि वह दो तरफ से खुलता और लगता है कहने का आशय यह है कि इसमें दो मेल और दो फ़ीमेल पार्ट्स होते हैं अर्थात यह दो स्थान पर खुलता है और दो ही स्थान पर लगता है ।

लाइटिनिंग अरेस्टर –

उपकेंद्र पर 33 केवी एवं 11 केवी के लाइटिनिंग अरेस्टर पावर ट्रांसफार्मर की सुरक्षा के लिए लगाए जाते हैं । ये ट्रांसफार्मर के पास 33 केवी एवं 11 केवी दोनों तरफ निकट लगाए जाते हैं । उपकेंद्र में जोड़ने वाली मीलों लंबी 33 केवी एवं 11 केवी मीलों लंबी लाइनों पर बादलों द्वारा आकाशीय विद्युत का चार्ज पैदा होता है जिसकी तीव्रता विद्युत लाइन के

वोल्टेज से कई हजार गुना अधिक होती है जिससे ट्रांसफार्मर को नुकसान पहुँच सकता है । 33 केवी एवं 11 केवी के तरफ क्रमश: 30 केवी (आरएमएस) एवं 9 केवी (आरएमएस) क्षमता के लाइटिनिंग अरेस्टर लगाने से आकाशीय विद्युत का चार्ज लाइटिनिंग अरेस्टर के माध्यम से अर्थ हो जाता है, जिससे ट्रांसफार्मर को नुकसान से बचाव होता है । इनकी डबल अर्थिंग अलग से अर्थ पिट बनाकर करना चाहिए ।

लाइटिनिंग अरेस्टर की पोर्सलीन इंसुलेटर को मेंटेनेंस के समय सफाई कर क्रेक चेक करना चाहिए । तथा अर्थ भी टाइट करना चाहिए । अर्थ की आईआर वैल्यू नियमानुसार करना चाहिए । इसका रजिसटेंट (प्रतिरोध) जीरो (शून्य) ओम रखा जाना चाहिए।

सामान्य जानकारी -

वोल्टेज (वोल्ट), करेंट (एम्पीयर), प्रतिरोध (रजिसटेन्स – ओहम), इम्पीडेंस (रजिसटेन्स + इंडक्टेंस + केपेसिटेन्स), एसी सर्किट (परिपथ) के लिए – ओम, लोड (किलोवाट, केवीए, अश्व शक्ति (हॉर्स पावर)), बिजली खपत यूनिट (किलोवाट आवर), पावर फ़ेक्टर, फ्रीक्युएन्सी (50 हर्टज़), टैरिफ़ रेट आदि

ओहम का नियम $V = I \times R$, $= Z \times R$, $(Z = R + L + C)$

$I = V/R$, $= V/Z$

$R = V/I$, $Z = V/I$

$KVA \ Cos \ (fai) = KW$,

$Cos \ (fai) = KW/KVA$,

$1 \ H.P. = 0.746 \ KW$,

$KVA = H.P.$ (At PF 0.746)

$1 \ KWH = 1KW \times 1 \ Hour = 1 \ Unit = 1000w \times 60 \times 60 \ second = 3.6 \times 10^{*}6$ joule (watt second)

$Loss = I \times I \times R$, Capacitance - $Q = C \times V$

श्रेणी क्रम - $R = R1 + R2 + R3 + -$, $L = L1 + L2 + L3 + -$, $1/C = 1/C1 + 1/C2 + 1/C3 + -$

समानान्तर क्रम – $1/R = 1/R1 + 1/R2 + 1/R3 + -$, $1/L = 1/L1 + 1/L2 + 1/L3 + -$,

$C = C1 + C2 + C3 + -$

स्विच और ब्रेकर

स्विच और ब्रेकर

स्विच -

विद्युत (बिजली) आपूर्ति निरंतर बनाए रखना आपूर्ति कर्ता के साथ - साथ उपभोक्ता की भी मूलभूत आवश्यकता है । फिर भी विद्युत आपूर्ति निरंतर न होने के कतिपय कारण हैं । जिनमें से कुछ प्रमुख कारण इस प्रकार हैं - नियमानुसार निर्धारित समय के लिए विद्युत आपूर्ति करना शेष समय आपूर्ति न करना, विद्युत की आपूर्ति किसी व्यवधान (फाल्ट)/बाधा के कारण बाधित/बंद होना, किसी कार्य विशेष करने के लिए विद्युत आपूर्ति बंद करके उसे करना । इन सब कारणों से विद्युत आपूर्ति को बंद करना और चालू करना पड़ता है । जिस उपकरण से विद्युत आपूर्ति बंद अथवा चालू करते हैं उन्हें स्विच कहते हैं । स्विच भी मुख्यत: दो श्रेणी के होते हैं एक – ऑटोमेटिक (स्वचालित), दूसरे - मेन्युअल (हस्त चालित) और तीसरे दोनों प्रकार के (ऑटोमेटिक तथा मेन्युअल दोनों) तथा प्रत्येक फेज को अलग – अलग चालू, बंद करने के लिए सिंगल फेज स्विच और तीनों फेजों को एक साथ चालू/बंद करने किए थ्री फेज स्विच । किसी परिसर की सम्पूर्ण विद्युत आपूर्ति चालू बंद करने के लिए मुख्य (मेन) स्विच, सर्किट (परिपथ) चालू/बंद करने के लिए सर्किट स्विच तथा उपकरण विशेष को चालू/बंद करने लिए उपकरण स्विच का उपयोग किया जाता है ।

ऑटोमेटिक स्विच – ये स्विच एक निर्धारित समय पर चालू हो जाते हैं और निर्धारित समय पर बंद हो जाते अथवा किए जाते हैं । इन्हें ऑटोमेटिक (स्व चालित स्विच) कहते हैं, टाइमर की सहायता टाइम सेट किया जाता है और उसी के अनुरूप चालू बंद हो जाती हैं । मुख्यत: सड़क प्रकाश विद्युत (स्ट्रीट लाइट) व्यवस्था से सम्बन्धित स्विच । इन्हें टाइमर स्विच भी कहते हैं ।

मेन्युअल स्विच – प्रत्येक विद्युत उपकरण के लिए सर्किट (परिपथ) में उस उपकरण के चालू बंद करने के लिए एक स्विच का उपयोग होता है ।

सर्किट ब्रेकर क्या होता है ?

यह नाम से ही ज्ञात होता है कि यह एक प्रकार का इलेक्ट्रिकल मशीन या डिवाइस होता है जो सर्किट को ब्रेक अर्थात मुख्य सर्किट से अलग कर देता है। सर्किट ब्रेकर स्वयं संचालित होने वाला इलेक्ट्रिकल स्विच होता है जिसका उपयोग शॉर्ट सर्किट (short circuit) यह ओवर करेंट (over current) से विधुतीय उपकरण के रक्षा के लिए किया जाता है। इसका मुख्य कार्य विधुत परिपथ (Electric Circuit) में उत्पन्न फाल्ट को डिटेक्ट कर, फाल्ट वाले परिपथ को मुख्य सर्किट से अलग करना। सर्किट ब्रेकर परिपथ में एक स्विच की तरह

ही कार्य करता है। लेकिन यह स्विच से बिलकुल अलग होता है। स्विच एक बार जल जाने के बाद दुबारा से नया इंस्टाल करना पड़ता है लेकिन सर्किट ब्रेकर में ऐसा नहीं होता है।

एमसीबी (MCB) क्या होता है?

मिनीएचर सर्किट ब्रेकर (Miniature circuits breaker) जिसे आमतौर पर एमसीबी (MCB) के रूप में जाना जाता है, एक स्वचालित स्विच है जो विद्युत सर्किट को ओवर करेंट्स (over-currents) से बचाता है। यह मुख्य रूप से घरेलू सेटिंग में कम ब्रेकिंग क्षमता की आवश्यकता के लिए उपयोग किया जाता है। एमसीबी (MCB) को आमतौर पर 125A के करंट तक रेट किया जाता है, इसमें एडजस्टेबल ट्रिप विशेषता नहीं होती है और ऑपरेशन में थर्मल या इलेक्ट्रोमैग्नेटिक हो सकते हैं।

एमसीसीबी (MCCB) क्या होता है?

मोल्डिड केस सर्किट ब्रेकर (Molded Case Circuit Breaker), जिसे एमसीसीबी (MCCB) के रूप में संक्षिप्त किया गया है, एक सर्किट ब्रेकर है जिसका उपयोग बिजली के उपकरणों को ओवरलोड, शॉर्ट सर्किट, दोषों से बचाने के लिए किया जाता है। इसके करंट ले जाने वाले पुर्जे, तंत्र और ट्रिप डिवाइस पूरी तरह से इंसुलेटिंग मैटेरियल के मोल्डेड केस में समाहित हैं।

एमसीसीबी प्रणाली एक तापमान-संवेदनशील डिवाइस का उपयोग करती है जिसे थर्मल तत्व के रूप में भी जाना जाता है, साथ ही वर्तमान संवेदनशील विद्युत चुम्बकीय उपकरण जिसे चुंबकीय तत्व भी कहा जाता है ताकि समग्र यात्रा तंत्र प्रदान किया जा सके जो सुरक्षा और अलगाव उद्देश्यों के लिए निर्भर है।

एमसीबी (MCB) और एमसीसीबी (MCCB) के बीच क्या अंतर हैं?

एमसीबी और एमसीसीबी सभी प्रकार के सर्किट ब्रेकर हैं। एक सर्किट ब्रेकर एक स्वचालित रूप से संचालित विद्युत स्विच होता है जिसे विद्युत सर्किट को एक अधिभार या शॉर्ट सर्किट से अतिरिक्त धारा के कारण होने वाले नुकसान से बचाने के लिए डिज़ाइन किया गया है। इसका मूल कार्य खराबी का पता चलने के बाद करंट प्रवाह को बाधित करना है।

अलग-अलग आकार में बनाए गए विभिन्न प्रकार के सर्किट ब्रेकर हैं, छोटे उपकरणों से जो कम - करंट सर्किट या व्यक्तिगत घरेलू उपकरण की रक्षा करते हैं, बड़े स्विचगियर पूरे शहर के उच्च वोल्टेज सर्किट की रक्षा के लिए डिज़ाइन किए गए हैं।

अंतर -

मापदंड (Parameters) - - - - - एमसीबी (MCB), - - - - - एमसीसीबी (MCCB)

1 - परिभाषा (Definition) - - - - -

एमसीबी (MCB) - यह विद्युत स्विच के प्रकार का होता है जो सर्किट को ओवरलोड या शॉर्ट सर्किट से बचाता है।

एमसीसीबी (MCCB) - यह उपकरण को अधिक तापमान और फॉल्ट करंट से बचाने वाला उपकरण है।

2 - वोल्टेज (Voltage) - - - - -

एमसीबी (MCB) - यह एक लो वोल्टेज सर्किट ब्रेकर डिवाइस है।

एमसीसीबी (MCCB) - यह अंतरराष्ट्रीय मानकों को पूरा करने के लिए कम वोल्टेज का भी है।

3 - रिमोट ऑन/ऑफ (Remote on/off) - - - - -

एमसीबी (MCB) - यह संभव नहीं है।

एमसीसीबी (MCCB) - यह संभव है।

4 - करंट सीमा (Current limit)

एमसीबी (MCB) - करंट लिमिट 100 एम्पीयर तक।

एमसीसीबी (MCCB) - करंट लिमिट 2500 एम्पीयर तक।

5 - इंट्रप्टिंग रेटिंग (Interrupting rating)

एमसीबी (MCB) - इंट्रप्टिंग रेटिंग 18000 एम्पीयर तक।

एमसीसीबी (MCCB) - इंट्रप्टिंग रेटिंग 10000 से 20000 एम्पीयर तक।

6 - ट्रिप एडजस्टमेंट (Trip adjustment)

एमसीबी (MCB) - ट्रिप एडजस्टमेंट नहीं।

एमसीसीबी (MCCB) - ट्रिप एडजस्टमेंट किया जा सकता है।

आरसीसीबी (RCCB) या आरसीडी (RCD) - रेसिड्अल करंट सर्किट ब्रेकर या रेसिड्अल करंट डिवाइस

- आरसीसीबी (RCCB) में फेज और न्यूट्रल दोनों के कनेक्शन किये जाते हैं।
- आरसीसीबी (RCCB) तब ट्रिप होती है जब कही पर अर्थ की फाल्ट होती है।
- आरसीसीबी (RCCB) में आउट पुट से जो फेज लाइन निकलती है उसे वापस उसी के न्यूट्रल में आना चाहिए।
- आरसीसीबी (RCCB) किसी भी तरह के फाल्ट को तुरंत भाप लेती है और 30 मिली सेकंड के अन्दर ही ट्रिप होजाती है।
- **ईएलसीबी (अर्थ लीकेज सर्किट ब्रेकर) (E.L.C.B.) –**
- **भू-संपर्कन क्षरण परिपथ विच्छेदक** (अर्थ लीकेज सर्किट ब्रेकर Earth-leakage circuit breaker (ELCB)) का उपयोग विद्युत धक्का (Electric Shock) बचाव के लिये किया जाता है। इसका उपयोग उन विद्युत इन्स्टालेशन्स में किया जाता है जहाँ का भू-प्रतिबाधा (अर्थ रजिस्टेंस) बहुत अधिक हो। यह युक्ति धातु के बने इन्क्लोजर्स पर पैदा हुए कम वोल्टेजों को भी भाँप (डिटेक्ट - detect) लेते हैं और परिपथ को तोड़ देते हैं। पहले इसका खूब उपयोग होता था, किन्तु अब नये इन्स्टालेशन में इसके बजाय

अवशिष्ट धारा परिपथ विच्छेदक रेसिड्अल करेंट सर्किट ब्रेकर (RCCB) का प्रयोग होने लगा है, जो सीधे लीकेज धारा (करेंट) को ही डिटेक्ट करते हैं।

- *एसीबी (ACB) एयर सर्किट ब्रेकर -*

यह एक प्रकार का ऐसा सर्किट ब्रेकर होता है जिसमे दो इलेक्ट्रोड के बीच उत्पन्न होने वाली स्पार्किंग अर्थात आग के लपटों को बुझाने के लिए सामान्य वायुमंडलीय दाब हवा का उपयोग किया जाता है। एयर सर्किट ब्रेकर (Air Circuit Breaker) का प्रयोग 800 एम्पीयर से 10000 एम्पीयर तक प्रवाहित होने वाले ओवरलोड या शार्ट सर्किट करेंट में सर्किट के सुरक्षा हेतु किया जाता है। आज कल मार्केट में विभिन्न प्रकार के सर्किट ब्रेकर उपलब्ध है। आज कल एयर सर्किट ब्रेकर (Air Circuit Breaker) का प्रयोग आयल सर्किट ब्रेकर के स्थान पर किया जा रहा है।

- सर्किट ब्रेकर कितने प्रकार के होते हैं?

सर्किट ब्रेकर केप्रकार -

- ओसीबी (OCB) ऑयल सर्किट **ब्रेकर** (Oil circuit **breaker**)
- एबीसीबी (ABCB) एयर ब्लास्ट सर्किट **ब्रेकर** (air blast circuit **breaker**)
- एसएफ 6 (Sf6) सर्किट **ब्रेकर** (Sf6 circuit **breaker**)
- वीसीबी (VCB)वैक्यूम सर्किट **ब्रेकर** (Vacuum circuit **breaker**)

1

अर्थिंग

अर्थिंग

अर्थिंग का अर्थ है बिना करंट का कनेक्शन । धातु के विभिन्न भागों का सम्पर्क जमीन पर ले जाना अर्थिंग है । अर्थिंग मानव और उपकरण सुरक्षा के लिए है ।

बिजली की संतुलित परिचालन स्थितियों के तहत प्रणाली (सिस्टम), अर्थिंग सिस्टम कोई भूमिका नहीं निभाता है । लेकिन किसी भी ग्राउंड फॉल्ट की स्थिति के तहत, यह ग्राउंड फॉल्ट करेंट को मानव और उपकरण सुरक्षा को खतरे में डाले बिना भूमि पर लाने में सक्षम बनाता है ।

अर्थिंग क्या है ?

वह विधि जिसमे परिपथ (सर्किट) शॉर्ट होने पर उससे प्रवाहित लघु परिपथ धारा को एक इलेक्ट्रोड की सहायता से भूमि में सुगमतापूर्ण प्रवाहित किया जा सके, अर्थिंग कहलाती है । भूमि का वोल्टेज शून्य माना जाता है इसलिए किसी विद्युतक साधन को भूमि से जोड़ देने पर इसका वोल्टेज भी शून्य हो जाता है । किसी तांबे (Copper) या जीआई (GI) की प्लेट को भूमि के अंदर 2.5 या 3 मीटर नीचे अथवा नमी युक्त स्थानों तक लगा देने को अर्थिंग कहते है । परिपथ के शॉर्ट होने पर वोल्टेज उच्च हो जाता है जिसको अर्थिंग विधि के द्वारा कम किया जा सकता है । अर्थिंग विधि से इलेक्ट्रोड का वोल्टेज शून्य हो जाता है तथा इससे संपर्क में आने वाले सभी विद्युतीय साधनों का वोल्टेज भी शून्य हो जाता है ।

मनुष्य के शरीर पर एसी अथवा डीसी का प्रभाव इलेक्ट्रिक शॉक के रूप में होता है । हाथ या पैरो के नियुक्त होने पर इलेक्ट्रिक शॉक ज्यादा प्रभावी होता है । कम वोल्टेज पर डी.सी की तुलना में ए.सी पर अधिक भयानक शॉक लगता है । अतः इलेक्ट्रिक तार के द्वारा भूमि के शून्य विभव से किसी भी उपकरण को जोड़ा जाता है, जिससे मनुष्य के जीवन व मशीनों को खराब होने से बचाया जा सके ।

विद्युत् का झटका एवं मानव अवयव -

बिजली का झटका तभी संभव है जब इंसान का शरीर असमान क्षमता के दो बिंदुओं (वोल्टेज अन्तर) को कवर करता है, जैसे चालू वोल्टेज सर्किट और जमीन का शून्य (जीरो) वोल्ट ।

मानव शरीर के लिए अधिकतम सहनीय धारा (करेंट) है एक सेकंड के लिए 160 मिलीएम्पीयर, यदि यह सीमा पार हो जाती है, तो यह वेंट्रिकुलर फाइब्रिलेशन (हार्ट अटेक) के कारण मृत्यु का होना होता है ।

अर्थिंग -

अर्थिंग व्यवस्था वह साधन है जिससे विद्युत् उपकरण सुरक्षित रहते हैं तथा मानव, जीवधारी और सम्पत्ति भी सुरक्षित रहते हैं । सामान्यत: अर्थिंग प्रकार निम्नानुसार होते हैं —

1. बिना करेंट का कनेक्शन - सुचालक जिनमें बिजली प्रवाहित नहीं होती उनकी अर्थिंग ।
2. करेंट का कनेक्शन (न्यूट्रल का कनेक्शन) – न्यूट्रल - अर्थिंग (ग्राउंडिंग), सुचालक जिनमें बिजली प्रवाहित होती जैसे न्यूट्रल उनकी अर्थिंग ।
3. तड़ित का कनेक्शन - तड़ित - अर्थिंग (लाइटनिंग अरेस्टर - अर्थिंग)
4. अस्थाई (टेम्परेरी) अर्थिंग – जहां पर कोई अर्थिंग व्यवस्था नहीं होती है, वहां अर्थिंग की जरुरत पड़ने पर, जैसे खुले मैदान में बंद लाइन को डिस्चार्ज करने के लिए सुरक्षा जोन बनाते समय, अस्थाई अर्थिंग - लाइन को डिस्चार्ज करने के लिए अर्थिंग पॉइंट की जरुरत होती है तब ऐसे समय अर्थिंग व्यवस्था (एक रोड जमीन में गाड़कर) करते हैं सुचालक जिनमें बिजली प्रवाहित नहीं होती उनकी अर्थिंग ।

1 – बिना करेंट का कनेक्शन - सुचालक जिनमें बिजली प्रवाहित नहीं होती उनकी अर्थिंग –

बिजली के सभी उपकरण जो बिजली के सुचालक है परन्तु सामान्य स्थिति में उनमें बिजली प्रवाहित नहीं होती है, उन सब का भूमि से सम्पर्क करते हैं सुचालक जिनमें बिजली प्रवाहित नहीं होती उनकी अर्थिंग । क्योंकि किसी भी कारण से यदि उनमें बिजली आ जाती है तो वे उपकरण बिजली रहने के कारण उपकरण के नुकसान के साथ – साथ मानव जीवन को प्राण घातक स्थिति में पहुंचाते हैं । ऐसी स्थिति से छुटकारा पाने के लिए बिजली के सभी सुचालक उपकरण को भूमि से संपर्क किसी तार एवं अन्य के माध्यम करते हैं ; इससे उस उपकरण में आने वाली बिजली भूमि के अन्दर चली जाती है ; जिससे उपकरण और मानव दोनों ही सुरक्षित रहते हैं । यही व्यवस्था अर्थिंग (ग्राउंडिंग)/भू संयोजन/सम्पर्कन कहलाती है ।

2 – करेंट का कनेक्शन (न्यूट्रल का कनेक्शन) – न्यूट्रल - अर्थिंग (ग्राउंडिंग) -

अर्थिंग (ग्राउंडिंग) का अर्थ है करंट का कनेक्शन, करंट ले जाने वाले भागों को जमीन पर ले जाना। यह ज्यादातर या तो जनरेटर या ट्रांसफार्मर न्यूट्रल होता है । इसलिए इसे

आमतौर पर न्यूट्रल ग्राउंडिंग कहा जाता है । ग्राउंडिंग उपकरण सुरक्षा के लिए है ।

3 – तड़ित का कनेक्शन - तड़ित अर्थिंग (लाइटनिंग अरेस्टर - अर्थिंग) – आसमानी (आकाशीय) बिजली के प्रकोप से बचाने के लिए लाइटनिंग अरेस्टर का उपयोग किया जाता है, इनका भी अर्थिंग किया जाता है ।

4 - अस्थाई (टेम्परेरी) अर्थिंग – जहां पर कोई अर्थिंग व्यवस्था नहीं होती है, वहां अर्थिंग की जरुरत पड़ने पर, जैसे खुले मैदान में बंद लाइन को डिस्चार्ज करने के लिए सुरक्षा जोन बनाते समय, अस्थाई अर्थिंग - लाइन को डिस्चार्ज करने के लिए अर्थिंग पॉइंट की जरुरत होती है तब ऐसे समय अस्थाई अर्थिंग व्यवस्था (एक रोड जमीन में गाड़कर) करते हैं । जहाँ कहीं लाइन आदि की अर्थिंग व्यवस्था या तो उपलब्ध नहीं हो अथवा अर्थिंग को किन्हीं अज्ञात व्यक्तियों द्वारा समाप्त कर दिया गया हो, व्यक्तियों द्वारा नष्ट अथवा काट दिया जाता है वहां अस्थाई अर्थिंग करते हैं।

अर्थिंग क्या है ? -

जमीन में 2.5 से 3 मीटर गहरा गड्ढा करके, उसमे कॉपर (**Copper**) या गेल्वनाइज्ड आयरन (**Galvanized Iron**) का पाईप या प्लेट का टुकड़ा जिसे अर्थ इल्क्ट्रोड़ (**Earth Electrode**) कहते हैं उसे गाढ़कर उसमें से खुला (**Open**) कंडक्टर (**Earth Wire**) बाहर निकालना मतलब अर्थिंग करना (**Earthing System**) होता है ।

या विद्युत उपकरण के धातुयुक्त बॉडी का अखंडता (निरंतरता – लगातार) से अर्थ वायर के माध्यम से जमीन से सीधा संपर्क करवाना अर्थिंग (**Earthing System**) कहलाता है । जिसे ग्राउंडिंग (**Grounding**) भी कहते हैं ।

भारतीय विद्युत नियम 1956 के अनुसार किसी भी विद्युतीय संस्थापना (**Electrical Installation**) में हर उपकरण की धातुयुक्त बॉडी (**Body**) को अर्थिंग करना अनिवार्य है ।

कारण सर्किट में फ्यूज (**Fuse**) जैसे उस सर्किट का सेफ्टी डिवाइस (**Safely Device**) के रूप में काम करता है ।

उसी तरह **अर्थिंग** भी उस संस्थापना (**Installation**) और उस संस्थापना (**Installation**) पर काम करने वाले व्यक्ति के लिए एक सुरक्षात्मक साधन के रूप में काम करती है ।

भूसम्पर्कन (अर्थिंग) -

विद्युत इंजीनियरी में भूमि (**ground** या **earth**) के सन्दर्भ में ही वोल्टेज मापे जाते हैं, भूमि ही से होकर विद्युत धारा वापस लौटती है । विद्युत शक्ति वितरण तन्त्र में सुरक्षात्मक भूसम्पर्कन चालक (**protective ground conductor**), सुरक्षा की दृष्टि से परम आवश्यक है । फेज और तटस्थ तार लाईट से जुड़े हुए हैं । इसलिए कुछ को गलत समझ है कि तटस्थ अर्थपूर्ण है इस फेज और न्यूट्रल के संयोजन के लिए तीसरा तत्व बहुत महत्वपूर्ण है । वही समझ में आता है । इस अर्थ के लिए बहुत अधिक देखभाल नहीं है । तीन पिन सॉकेट में काले और लाल तार शुरू होने वाले उपकरण रो जुड़ते हैं । कुछ भी तीसरे तार

को हरा जोड़ने की जहमत नहीं उठाते । लेकिन यह जानलेवा हो सकता है । विद्युत परिपथों को धरती से जोड़ना, भूसम्पर्कन (ग्राउण्डिंग) कहलाता है । विद्युत परिपथों (सर्किटों) को धरती से विद्युत सम्पर्क बनाने के कई कारण हैं । जैसे -

* व्यक्ति को बिजली का झटका लगने से सुरक्षा,
* स्थैतिक आवेश का जमा होना सीमित करने के लिये, (विद्युतस्थतिक संवेदनशील युक्तियों के लिये महत्वपूर्ण)
* कुछ परिपथों (सर्किटों) में धरती ही एक चालक के रूप में प्रयोग कर ली जाती है जिससे अलग से तार या केबल लगाने की आवश्यकता नहीं पड़ती ।
* अर्थिंग का महत्व

विद्युत के झटकों से या खतरों से सुरक्षा हेतु अर्थिंग की आवश्यकता पड़ती है । यदि लौह आवरण चढ़ा विधुत उपकरण, जिसमे धारा (करेंट) का क्षरण हो रहा हो, के संपर्क में कोई तार आ जाए तो, उस आवरण में स्थित विद्युत से उसके संपर्क में आने वाले मनुष्य व जीव जंतु इस उपकरण से चिपक सकते है या मूर्छित हो सकते है या मर सकते है । यदि अर्थिंग से उपकरण जुड़ा होगा तो धारा (करेंट) शीघ्रता से पृथ्वी में गुजरने की कोशिश करेगी और पीछे की वायरिंग या लाइन ओवरलोड हो जायेगी तो अत्यधिक धारा बहेगी व एमसीबी (MCBB) ट्रिप हो जायेगी या फ्यूज उड़ जायेगा । इस तरीके की वायरिंग उपकरणों की सुरक्षा के साथ मानव क्षति की भी सुरक्षा करती है । इसके अतिरिक्त अर्थिंग का कार्य न्यूट्रल तार को भू विभव पर बनाए रखने का भी होता है ।

इसके अतिरिक्त अर्थिंग की आवश्यकता को निम्न बिन्दुओं द्वारा भी समझा जा सकता है:-

1. लाइन का विभव (वोल्टेज) सदैव स्थिर होता है और उसे स्थिर रखने के लिए अर्थिंग की जाती है जिसमे अल्टरनेटर व परिणामित्र के न्यूट्रल टर्मिनल को अर्थ किया जाता है ।

2. जब कभी बड़ी बड़ी बिल्डिंगों का आसमानी विद्युत से बचाना हो तो वहां तड़ित चालक प्रयोग किए जाते है जिसमे आसमानी विधुत को अर्थ किया जाता है ।

3. ओवरहेड लाइन से लगी वैधुतिक (इलेक्ट्रिक) मशीनों आदि को आसमानी विधुत से बचाने के लिए अर्थिंग करते है ।

4. टेलीग्राफ में अर्थ को रिटर्न वायर के रूप में प्रयोग किया जाता है ।

जीवन का बचाव: - जब किसी विद्युतीय उपकरण की धात्वीक (मेटेलिक) बॉडी का संपर्क विद्युत से हो जाता है या मशीनों की वाइंडिंग या वायरिंग के लीकेज पैदा हो जाता है अथवा इंसुलेशन खराब हो जाता है तब उसके आवरण (कवर) में विद्युत बहने लगती है जिसके स्पर्श मात्र से ही मनुष्य व जीवों की मृत्यु हो जाती है । यदि हम इस मशीन या उपकरण का संयोजन अर्थ से कर दे तो उसे स्पर्श करने वाले व्यक्ति को कोई हानि नही

होती अतः इस प्रकार अर्थ द्वारा जीवन का बचाव कर लिया जाता है । हम अर्थिंग की आवश्यकता को एक उदाहरण द्वारा समझ सकते है ।

घरों में अर्थिंग प्वाइंट नही होने पर विद्युत फाल्ट आने पर मशीन या उपकरण में धातु (मेटल) भाग में उच्च धारा (हाई करेंट) प्रवाहित होने लगती है तथा यह विद्युत शॉक का कारण बन जाती है। माना उपकरण इलेक्ट्रिक हीटर को तीन कोर केबल द्वारा सप्लाई दी जाती है। केबल का इंसुलेशन नष्ट हो जाने पर इस केबल से उच्च धारा प्रवाहित होती है तथा यह उपकरण के मेटल भाग पर प्रवाहित होती है जिसके कारण मनुष्य के इस मेटल भाग को स्पर्श करने पर वह इस विद्युतीय/वैधुतीय (इलेक्ट्रिक) शॉक से ग्रसित हो जाता है।

अर्थिंग (Earthing) से मतलब यह है कि सप्लाई सिस्टम के न्यूट्रल प्वाइंट को तथा वैद्युत सिस्टम में प्रयोग होने वाली विभिन्न प्रकार के उपकरणों जैसे फ्रिज लाइट फैन चार्जर डिस्ट्रीब्यूशन बोर्ड आदि को एक कॉपर वायर के माध्यम से जमीन से जोड़ना है ताकि किसी भी प्रकार के फाल्ट की स्थिति में उत्पन्न होने वाले लीकेज करंट को सीधे अर्थ में पास कर दें और किसी भी प्रकार का खतरा होने से बच जाए। यह एक प्रकार का प्रोक्शन सिस्टम ही है जो हमें सदैव प्रोटेक्ट करता रहता है ।

अर्थिंग(Earthing)

अगर देखा जाए तो अर्थिंग सिस्टम का निम्न दो प्रणालियां होती हैं जो निम्न है ।

1. डायरेक्ट अर्थिंग सिस्टम (Direct earthing system)
2. इनडायरेक्ट अर्थिंग सिस्टम (Indirect earthing system)

प्रत्यक्ष भू योजन प्रणाली (directing system)

जब हम अर्थिंग इलेक्ट्रोड को सीधे ही जमीन में गाड़ देते हैं यानी कि अर्थिंग इलेक्ट्रोड और अर्थ की जाने वाली उपकरण के बीच कोई और एलिमेंट जैसे कि रेजिस्टेंस, रिएक्टेंस, क्वायल या करंट ट्रांसफॉर्मर या पोटेंशियल ट्रांसफॉर्मर ना हो तो उस स्थिति को हम प्रत्यक्ष अर्थिंग सिस्टम कहते हैं । इसका प्रयोग विद्युत उपकरणों के और धारावाही भागों को अर्थ करने के लिए किया जाता है ।

अप्रत्यक्ष भू योजन प्रणाली (indirect earthing system)

इसमें अर्थिंग इलेक्ट्रोड और अर्थ की जाने वाली उपकरण के बीच प्रतिरोध, रिएक्टेंस या क्वायल या करंट ट्रांसफॉर्मर या वोल्टेज ट्रांसफॉर्मर होता है तो इस प्रकार के अर्थ को अप्रत्यक्ष भू योजन प्रणाली (indirect earthing system) कहते हैं इसका प्रयोग पावर सप्लाई सिस्टम जैसे जनरेटर ट्रांसफॉर्मर आदि के न्यूट्रल प्वाइंट को अर्थ करने के लिए किया जाता है ।

अर्थिंगके लाभ (advantages of earthing)

जैसा कि पहले बताया है कि अर्थ इन करने से मुख्यता हमारी विद्युत उपकरण की सुरक्षा करना होता है । मिट्टी अर्थिंग करने से हमें निम्न लाभ होते हैं ।

1. जब हम किसी भी विद्युत उपकरणों का अर्थिंग (earthing) कर देते हैं तो उस उपकरण का जो बाहरी भाग है जिस पर सामान्यतः विद्युत आवेश नहीं रहना चाहिए लेकिन अगर किसी फाल्ट कंडीशन के कारण उस पर विद्युत आवेश आ जाता है । वह आवेश या विद्युत धारा सीधे अर्थ वायर के रास्ते जमीन में चला जाता है । जिससे उसके बाहरी वाले भाग में विद्युत आवेश जीरो हो जाता है और बिजली का झटका लगने से बच जाता है ।

2. जब हम वैद्युत उपकरणों का अर्थिंग करते हैं तो उस उपकरण का बाहरी वाले भाग का विभव (voltage) हमेशा अर्थ के विभव के बराबर यानी कि जीरो रहता है । बिजली का झटका लगने का कोई डर नहीं रहता है ।

3. अर्थिंग (earthing) करने से जब फाल्ट की स्थिति आती है तो उस समय लीकेज करंट अर्थिंग के द्वारा सीधे जमीन में चली जाती है जिससे लीकेज करंट का मान बढ़ जाता है । जिसके कारण विद्युत सिस्टम में लगे लीकेज रिले, फ्यूज, एमसीबी (MCB) आदि अच्छे ढंग से काम करता है और विद्युत सप्लाई को ट्रिप करा देता है ।

2

अर्थिंग करना क्यो जरूरी होता है ?

अर्थिंग करना क्यो जरूरी होता है ?

1 - मानवी जीवन इलेक्ट्रिक शॉक (Electric Shock) से सुरक्षित रहे इसलिए

जमीन बिजली की सुचालक है । जब सप्लाई की फेज वायर या पॉजिटिव (Positive) कंडक्टर विद्युत उपकरण की बॉडी से संपर्क में आतें है, तब उस उपकरण की बॉडी में विद्युत धारा बहने लगती है । विद्युत उत्पादन करने वाले जेनरेटर्स (Generators), अल्टरनेटर्स (Alternators) और विद्युत वितरित करने वाले ट्रांसफार्मर्स (Transformers) इनकी न्यूट्रल (Neutral) अर्थिंग के साथ जोड़ी जाती है ।

अगर इस परिस्थिति में कोई व्यक्ति जमीन पर खड़े होकर उस उपकरण पर काम करे, तो उसका संपर्क उस उपकरण की बॉडी में प्रवाहित करेंट (**Current**) से होता है । और उस व्यक्ति को इलेक्ट्रिक शॉक (Electric Shock) लगता है । अगर उस उपकरण की बॉडी अर्थ वायर से कनेक्ट (Connect) हो । तब फेज और अर्थिंग का संपर्क होता है । उपकरण का सर्किट शॉर्ट सर्किट में बदल जाता है । उस उपकरण का सर्किट शॉर्ट होने की वजह से उसमें ज्यादा करेंट प्रवाहित होगा । वह करेंट उस सर्किट में प्रस्थापित फ्यूज में से भी बहता है । परिणाम स्वरूप उस फ्यूज का फ्यूज वायर ज्यादा करेंट की वजह से जलकर टूट जाता है । उस उपकरण का सर्किट ओपन सर्किट में बदल जाता है । और इस तरह आगे होने वाली संभावित जीवित व वित्त (धन) हानि को टाल (बचा) दिया जाता है ।

2 – लीकेज करंट की वजह से उपकरण या संस्थापना (Installation) सुरक्षित रखने के लिए -

इस वजह से उपकरण की बॉडी गर्म हो जाती है। अगर ज्यादा लीकेज करंट हुआ तो बॉडी ज्यादा गर्म हो जाती है। ज्यादा टेम्प्रेचर (Temperature) की वजह से उपकरण की वाइंडिंग (Winding) जलने की संभावना होती है। बेयरिंग खराब हो सकती है। अगर किसी वायर (Wire) या केबिल (Cable) का इन्सुलेशन (Insulation) कम क्षमता का हो, तो आगे चलकर उसकी इन्शुलेशन रजिस्टेंस (**Insulation Resistance**) क्षमता और भी कम होती जाती है। इस वजह से वायर (Wire) या केबिल (Cable) के इन्शुलेशन (Insulation) में से लीकेज करंट फ्लो होता है, जो उपकरण की धातुयुक्त बॉडी में आकर घूमता रहता है।

अगर इस परिस्थिति में उस उपकरण को अर्थिंग सिस्टम (Earthing System) से कनेक्ट (Connect) कर दिया जाए, तो लीकेज करंट अर्थ वायर के जरिये जमीन में चल जाता है। और होने वाला दुष्परिणाम टाल दिया जाता है।

3 - आसमानी (आकाशीय) बिजली से ऊंची इमारतें, बड़े - बड़े विद्युत उपकरण और ओवर हेड लाईन्स के बचाव के लिए।

सर्वोपरि लाइन (ओवर हेड लाइन) (Overhead Line), जेनरेटिंग स्टेशन (Generating Station), उप केन्द्र (सब स्टेशन) (Substation) तथा ऊंची इमारतो पर अगर आसमानी बिजली गिरे तो यह सब जलकर नष्ट हो सकते हैं । इसलिए ऊंची इमारतो पर अर्थ कंडक्टर और ओवर हेड लाईन पर लाइटनिंग अरेस्टर (Linghtning Arrester) लगाकर उसे अर्थिंग सिस्टम (Earthing System) से जोड़ दिया जाता हैं। आसमानी बिजली अर्थ कंडक्टर से होकर जमीन में समा जाती है । और इस तरह अर्थिंग की वजह से यह सब सुरक्षित रहते हैं ।

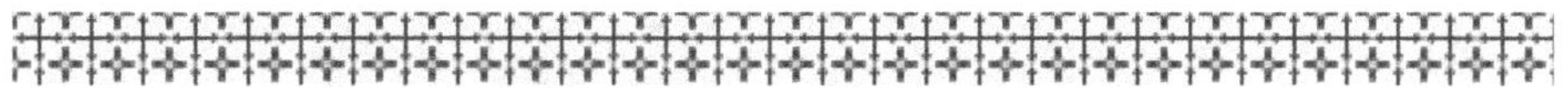

आकाशीय (आसमानी) बिजली (तड़ित) का गिरना

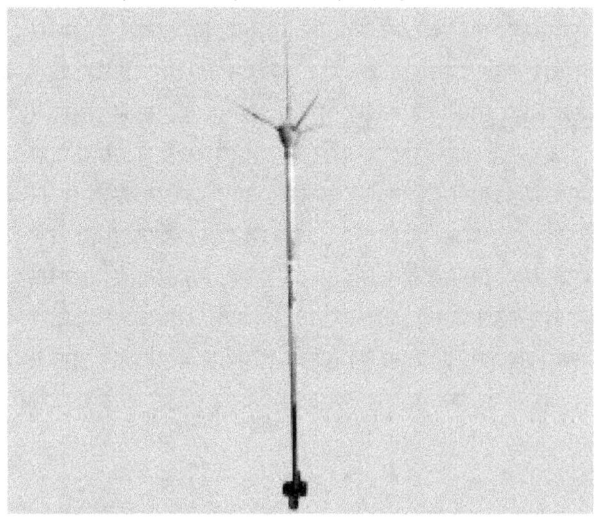

आकाशीय (आसमानी) बिजली (तड़ित) के गिरने से होने वाले नुक्सान से बचने के लिए तड़ित चालक (अर्थिंग) का उपयोग करना

भूसम्पर्कन क्यों करते हैं -

बिजली का झटका तब होता है जब एक चालक (जैसे इस्त्री, कूलर, पंखा, वाशिंग मशीन, टेबल लैंप, इलेक्ट्रिकल हेयर रिमूवर, गीजर) का एक कंडक्टर (लाइव वायर) धातु के हिस्से या उसके ऊपरी शरीर से जुड़ा होता है । इस तरह से कि घरों, कारखानों, छोटी दुकानों को वैज्ञानिक रूप से सार्थक किया जाता है ताकि आकस्मिक सदमे का कारण न हो ।

- बिजली हमेशा एक सामग्री से कम विद्युत दबाव के प्रतिरोध के साथ बह रही है ।
- जमीन के वोल्टेज को 0 (शून्य) माना जाता है। इसलिए, बिजली का रिसाव, मनुष्य को बिजली के झटके से पहले, पृथ्वी के तारों से जमीन तक गुजरता है और आगे की दुर्घटनाओं से बचा जाता है ।

विद्युत आपूर्ति प्रणाली में अर्थिंग प्रणाली सभी चालकों का पृथ्वी के तल के सापेक्ष विभव (वोल्टेज) निश्चित करता है । प्रयोग की गयी अर्थिंग प्रणाली से ही विद्युत आपूर्ति तंत्र की सुरक्षा और विद्युत चुम्बकीय कम्पेटिबिलिटी आदि प्रभावित होती हैं । एक देश से दूसरे देश में अर्थिंग प्रणाली में पर्याप्त भिन्नता पायी जाती है ।

रक्षात्मक अर्थ तंत्र (Protective Earth (PE)) से यह सुनिश्चित होता है कि सभी खुले हुए चालकों के तल धरती के विभव (वोल्टेज) पर ही हैं । इससे यदि किसी उपकरण में विद्युत इन्सुलेशन कट गया हो या खराब हो गया हो और उपकरण के शरीर से वह तार सम्पर्क बना रहा हो तो उस उपकरण को छूने पर विद्युत का झटका लगने की सम्भावना नहीं रहती क्योंकि जैसे ही 'जीवित' तार उपकरण के शरीर को छूता है, शार्टसर्किट की स्थिति बन जाती है और बहुत अधिक धारा बहने के कारण फ्यूज तुरन्त उड़ जाता है या सर्किट ब्रेकर/ एमसीबी आदि बन्द हो जाते हैं । स्वस्थ स्थिति में रक्षात्मक अर्थ प्रणाली में प्राय: बहुत कम या नहीं के बराबर धारा बहती है, चाहे उपकरण चालू हो या बन्द । जब कोई विद्युतीय उपकरण चलता है तो उस उपकरण में एक अलग विद्युतीय धारा बहती है जिसे हम ई.एम.एफ. (इलेक्ट्रो मोटिव फोर्स) कहते हैं । और इसमें कभी - कभी बहुत अधिक मात्रा में विद्युत धारा प्रवाहित होती रहती है जिससे हमें आघात लगने की संभावना रहती है, ऐसी अवस्था में भी अर्थिंग काफी कारगर सिद्ध होता है। इसके विपरीत कार्यशील अर्थ प्रणाली (functional earth connection) में जब युक्ति/उपकरण चालू हो तो कुछ धारा भी बह सकती है ।

3

न्यूट्रल और अर्थिंग में क्या फर्क होता है ?

न्यूट्रल और अर्थिंग में क्या फर्क होता है ?

अर्थिंग यह लीकेज करंट का मार्ग पूरा करती है । न्यूट्रल (Neutral) लोड रजिस्टेंस (**Load Resistance**) से जोडी जाती है, अर्थिंग उपकरण की धातुयुक्त बॉडी (**Body**) से जोड़ी जाती है । इससे से यह स्पष्ट होता है कि, अर्थिंग सिस्टम (Earthing System) यह सुरक्षा का एक साधन है । कारण सर्किट में स्थित न्यूट्रल (Neutral) यह सर्किट में प्रवाहित करंट का मार्ग पूरा करती है।

न्यूट्रल (Neutral) यह सर्किट क्लोज (Circuit Close) करने और करंट (Current) के वापसी के मार्ग के लिए उपयोग में लाई जाती है, तो अर्थिंग यह सुरक्षा साधन के रूप में लीकेज करंट के बहाव के लिए उपयोग में लाई जाती है।

ग्राउंडिंग -

ग्राउंडिंग का अर्थ है करंट का कनेक्शन, करंट ले जाने वाले भागों को जमीन पर ले जाना । यह ज्यादातर या तो जनरेटर या ट्रांसफार्मर न्यूट्रल होता है । इसलिए इसे आमतौर पर न्यूट्रल ग्राउंडिंग कहा जाता है । ग्राउंडिंग उपकरण सुरक्षा के लिए है ।

ग्राउंडिंग के लिए तीन आवश्यकताएं हैं:-

1 - ग्राउंडिंग के लिए एक कम प्रतिबाधा पथ (लो रजिस्टेंस सर्किट) प्रदान करेगा, फॉल्ट करंट की वापसी, सुरक्षा - उपकरण सुरक्षित करने के लिए सर्किट तेज़ी से कार्य कर सकता है ।

2 - ग्राउंडिंग कम संभावित अंतर बनाए रखेगा,

3 - कर्मियों के खतरे को उजागर (खुले हिस्से) धातु भागों के बीच से बचने के लिए ।

4 - ग्राउंडिंग ओवर वोल्टेज पर नियंत्रण रखेगा ।

4

यदि ट्रांसफार्मर न्यूट्रल को अर्थ नहीं करें, तब क्या असुविधाएं होंगी

यदि ट्रांसफार्मर न्यूट्रल को अर्थ नहीं करें, तब क्या असुविधाएं होंगी

1. न्यूट्रल फ्लोटिंग – सामान्य तौर पर सिंगल फेज और थ्री फेज कनेक्शन प्रदाय किए जाते हैं । थ्री फेज लोड तीनों फेजों पर बराबर रहता है परन्तु तीनों फेजों पर सामान संख्या (उदाहरण के लिए प्रत्येक फेज पर 10 – 10 कनेक्शन) में कनेक्शन देने पर उनका लोड सामान नहीं रहता । कहने का आशय यह है कि ऐसी स्थिति में तीनों फेजों पर लोड सामान नहीं होगा । तब वह अनबेलेंस लोड (असंतुलित भार) के कारण न्यूट्रल में करंट होगा, क्योंकि बेलेंस लोड (संतुलित भार) की स्थिति में न्यूट्रल में करंट नहीं होगा । अनबेलेंस लोड की स्थिति अधिकतर रहती है । ऐसी स्थिति में न्यूट्रल फ्लोट करता है जिससे तीनों फेजों पर सामान वोल्टेज नहीं रहता, यह एक भयानक समस्या न्यूट्रल फ्लोटिंग की बनती है । जिससे उपभोक्ता को एक निश्चित वोल्टेज नहीं मिलता । यह तभी संभव होता है जब न्यूट्रल अर्थ हो, ऐसी स्थिति में अनबेलेंस करंट न्यूट्रल के अर्थ के द्वारा जमीन (मिट्टी) में चला जाता है और न्यूट्रल फ्लोटिंग की समस्या नहीं रहती ।

2. तड़ित (लाइटनिंग) – जब किसी एक फेज पर लाइटनिंग होती है तब लाइटनिंग का असर तीनों फेजों पर होगा क्योंकि न्यूट्रल अर्थ नहीं है और इसके कारण तीनों फेजों के उपकरण खराब (डेमेज) होंगे । लेकिन अगर न्यूट्रल अर्थ किया हुआ है तब लाइटनिंग एक फेज पर होती है तो उस फेज के उपकरण ही प्रभावित होंगे शेष फेज के नहीं क्योंकि तड़ित का करंट न्यूट्रल अर्थ के द्वारा जमीन (मिट्टी) में चला जाता है । इसलिए न्यूट्रल

अर्थ करना अति आवश्यक है ।

3. **फेज फेल होना** - फेज फेल होने की स्थिति में दूसरे फेजो की सप्लाई फेज से फेज की हो जाता है और वोल्टेज बढ़ने से उपकरणों को खतरा बन जाता है । परन्तु न्यूट्रल अर्थ होने की स्थिति में किसी भी फेज पर वोल्टेज फेज न्यूट्रल ही रहेगा ।

5

भू प्रतिरोध (अर्थ रजिस्टेंस)

भू प्रतिरोध (अर्थ रजिस्टेंस)

कारक - जो जमीन की प्रतिरोधकता (रजिस्टेंस) निर्धारित करते हैं -

अर्थिंग सिस्टम के लिए मिट्टी की प्रतिरोधकता निम्नलिखित कारकों पर निर्भर करती है:-

1 - मिट्टी का प्रकार

2 - नमी सामग्री

3 - नमक की रासायनिक संरचना में सम्मिलित निहित पानी

अ - नमक की सांद्रता

आ - सामग्री का तापमान

इ - नमक का आकार और नमक के आकार का वितरण (मिलाना)

ई - पृथ्वी इलेक्ट्रोड का आकार और अंतर

मिट्टी का उपचार (सोइल ट्रीटमेंट) -

जब मिट्टी का प्रतिरोध अधिक होता है, तब भी बड़ी संख्या में कई इलेक्ट्रोड भी विफल हो सकते हैं, पृथ्वी के लिए कम प्रतिरोध पैदा करने के लिए तुरंत आसपास की मिट्टी की प्रतिरोधकता इलेक्ट्रोड कुछ नमक पदार्थ उपलब्ध कराए जाते हैं पानी के साथ समाधान के रूप में । पदार्थों का उपयोग किया जाता है नमक सोडियम क्लोराइड (NaCl), कैल्शियम क्लोराइड (CaCl2) सोडियम कार्बोनेट (Na2CO3), कॉपर सल्फेट (CuSO4) और सॉफ्ट कॉक और चारकोल एक उपयुक्त अनुपात के साथ ।

इलेक्ट्रोड और मिट्टी के बीच लगभग 90% प्रतिरोध मिट्टी से दो मीटर के दायरे में है इलेक्ट्रोड/रॉड । इस मिट्टी के उपचार के परिणाम होंगे पृथ्वी प्रतिरोध में आवश्यक कमी के शीर्ष के चारों ओर एक मीटर व्यास की खुदाई इलेक्ट्रोड/रॉड 30 सेमी गहरा और लगाने के लिए कृत्रिम मिट्टी उपचार एजेंसी और पानी देना पर्याप्त रूप से।

आसपास की मिट्टी के उपचार के लिए सामान्य अभ्यास नमक, और चारकोल के साथ ग्राउंड इलेक्ट्रोड नरम कोयला पृथ्वी को नीचे लाने के लिए प्रतिरोध । ये पारंपरिक तरीके हैं मध्यम उच्च प्रतिरोधकता वाली मिट्टी में प्रभावी 300 ओम - मीटर तक। जब मिट्टी प्रतिरोधकता इस मूल्य से अधिक है, के इन पारंपरिक तरीकों प्राप्त करने के लिए रासायनिक उपचार अपर्याप्त होगा पृथ्वी प्रतिरोध का वांछित मूल्य।

मिट्टी उपचार में बेंटोनाइट का उपयोग -

बेंटोनाइट उत्कृष्ट विद्युत गुण के साथ मिट्टी है । यह अपने मूल से कई गुना बढ़ जाता है, जब इसमें पानी की मात्रा बढ़ाते हैं । यह बांधता है क्रिस्टलीकरण का पानी और अवशोषित पानी मिश्रण प्रक्रिया के दौरान लंबे समय अवधि तक बरकरार रखा जाता है । पानी में बेंटोनाइट घोलकर जब इस्तेमाल किया जाता है ।

मिट्टी को घेरने के लिए इलेक्ट्रोड सतह क्षेत्र लगभग बढ़ जाता है ।

मिट्टी इलेक्ट्रोड के चारों ओर बेंटोनाइट का उपयोग के परिणामस्वरूप जमीनी प्रतिरोध में लगभग 25 - 30% की कमी आ जाती है ।

बेंटोनाइट में पानी सोखने (अवशोषित करने) की जबरदस्त क्षमता होती है और इसे लम्बी अवधि तक बनाए रखता है ।

गर्मी के महीनों के दौरान भी, बेंटोनाइट घोल (निलंबन) नमी को बरकरार रखता है जहां प्राकृतिक मिट्टी सूख जाती है ।

चट्टानी भूभाग में लाभ के लिए बेंटोनाइट का उपयोग किया जा सकता है ।

मिट्टी के उपचार में महीन राख का प्रयोग ।

अर्थ प्रतिरोधकता पर आद्रता (नमी) का प्रयोग ।

तापमान का प्रभाव ।

मिट्टी की प्रतिरोधकता पर जंग का प्रभाव ।

सतह पर पत्थर चूरा की पर्त के फायदे ।

पत्थर चूरा की महीन पर्त का प्रभाव ।

6

अर्थिंग आवश्यकता

अर्थिंग आवश्यकता

किन जगहों पर अर्थिंग करना बहुत जरुरी होता है ?

1 – मेटल बॉडी वाले स्विचेज, डिस्ट्रीब्यूशन बॉक्स, बसबार चेम्बर्स इनकी बॉडी को अर्थ करना ।

2 – इलेक्ट्रिक मोटर, ट्रान्सफार्मर इनकी बॉडी को कम से कम 2 जगहों पर अर्थ करना ।

3– इलेक्ट्रिक आयरन (प्रेस), हीटर, गीजर, कूलर आदि के बॉडी को अर्थ करना ।

4 – थ्री पिन सोकिट के बड़े लम्बे (अर्थ टर्मिनल) टर्मिनल को अर्थ करना ।

5 – थ्री फेज फोर वायर सिस्टम में स्टार पॉइंट (कॉमन पॉइंट) को अर्थ करना ।

6 - डीसी थ्री वायर सिस्टम में न्यूट्रल को अर्थ करना ।

7 - अंडर ग्राउंड केबिल के अर्मोरिंग शीट को अर्थ करना ।

8 – कोंडयूट वायरिंग में हर मेटल कोंडयूट को अर्थ करना ।

9 – भारतीय विद्युत् नियम के 90 के अनुसार ओवर हेड लाइन के पोल को हर 1.6 किमी में कम से कम 4 जगहों पर अर्थिंग करना । अर्थात हर पांचवां पोल अर्थ करना चाहिए एल टी लाइन में ।

10 - ट्रांसफार्मर के लिए तीन गड्डे (पिट) अर्थिंग के लिए किए जाते हैं । एक गड्डे में लाइटिंग अरेस्टर की डबल अर्थिंग, दूसरे गड्डे में ट्रांसफार्मर के न्यूट्रल की डबल अर्थिंग तथा तीसरे गड्डे में ट्रांसफार्मर बॉडी की डबल अर्थिंग तथा अन्य सभी अर्थिंग (एबी स्विच, डीओ चेनल, जम्फर चेनल , ट्रांसफार्मर मौन्टिंग चेनल , डिस्ट्रीब्यूशन बॉक्स, पोल आदि) इसी तीसरे गड्डे में की जाती हैं ।

7

अर्थिंग सिस्टम आईईएसआई (ISI) एवं IEEE मानक के नियम -

अर्थिंग सिस्टम के विषय में आईईएसआई (ISI) के नियम –

1 – किसी भी भवन (इमारत) के बाहर, भवन से 1.5 मीटर अन्तर (दूरी) पर अर्थिंग करना चाहिए ।

2 – अर्थ इलेक्ट्रोड और अर्थ कन्डक्टर, नट – बोल्ट और वाशर यह सब एक ही धातु (मेटल) के होने चाहिए ।

3 – अर्थ कन्डक्टर सर्किट के कुल करेंट के दुगने करेंट केरीयिंग केपेसिटी का होना चाहिए ।

4 – किसी भी सर्किट के लिए कन्डक्टर का आकार 14 एसडब्ल्यूजी (SWG) से कम न हो । मुख्य (मेन) अर्थ कंडक्टर 8 एसडब्ल्यूजी (SWG) से कम आकार (साइज) का न हो ।

5 – अर्थिंग सिस्टम के कन्टीन्युटी कंडक्टर को यांत्रिक हानि न पहुंचे इसलिए 12 एमएम (mm) व्यास के पाइप से होते हुए जमीन के 60 सेमी (cm) नीचे से जहां जरुरत हो वहां तक पहुँचना चाहिए ।

6 – अर्थ इलेक्ट्रोड के चारों ओर नमक, बालू, कोयले और रेत 15 - 15 सेमी के अंतराल पर परत दर परत बिछानी चाहिए ।

7 – अर्थ कंडक्टर का जॉइंट नट – बोल्ट और वाशर की सहायता से ही करना चाहिए । और उस जॉइंट पर बाद में सोल्डरिंग करना चाहिए ।

8 – अर्थिंग का रजिस्टेंस हमेशा कम से कम होना चाहिए । अर्थ कंडक्टर अगर कॉपर का हो तो 1 ओहम और अगर जीआई का हो तो 3 ओहम से ज्यादा नहीं होना चाहिए ।

9 - गर्मियों के दिनों में अर्थ रजिस्टेंस कम करने के लिए फनेल (अर्थ पिट) में बीच – बीच में पानी डालते रहना चाहिए ।

IEEE मानक 142 - 2007 का अध्याय 4

औद्योगिक संयंत्र के लिए उपयुक्त प्रतिरोध

उप - स्टेशन, भवन और बड़े प्रतिष्ठान 1 ओहम से 5 ओहम

IS 2309: 1989, Cl 12.3.1 Page 32 and BS 7430:1998

सीएल 9.4.3 संबद्ध संरचनाओं और भवनों के संरक्षण के लिए बिजली रोधक जमीन प्रतिरोध - 10 ओहम

अवांछित static electricity को नियंत्रित करने के लिए गाइड संबद्ध संरचनाओं और इमारतों के संरक्षण के लिए बिजली रोधक जमीनी प्रतिरोध - 10 ओहम

IS 2689:1989, Table 4 page 28 (Reaffirmed March 2010)

इमारतों और संबद्ध संरचनाओं के संरक्षण के लिए लाइटनिंग अरेस्टर्स ग्राउंड रेजिस्टेंस - 10 ओहम

8

अर्थिंग के प्रकार

अर्थिंग के मुख्य कितने प्रकार होते हैं ? –

विद्युत संस्थापना में नीचे लिखित 4 तरहों की अर्थिंग का उपयोग किया जाता है :-

1 – सिस्टम अर्थिंग (न्यूट्रल अर्थिंग)

2 – उपकरण अर्थिंग

3 – विशेष अर्थिंग – विशेष मांग,

4 - जरुरत पर की जाने वाली अर्थिंग (टेम्प्रेरेरी अस्थाई अर्थिंग)

सिस्टम अर्थिंग (System Earthing), न्यूट्रल अर्थिंग (Neutral Earthing)

सिस्टम अर्थिंग की वजह से सम्पूर्ण विद्युत प्रणाली का रक्षण होता है। विद्युत प्रणाली में अगर कोई दोष (फाल्ट) निर्माण होता है तब, उस प्रणाली में स्थित प्रोटेक्शन डिवाइस (Protection Device) कार्यान्वित हो जाते हैं। और फॉल्टी सेक्शन को सर्किट से अलग कर देते हैं। इस वजह से विद्युत प्रणाली मे स्थित साधन सामग्री और उपकरणो का बचाव होता है।

उदाहरण - अगर ओव्हरहेड लाइन का कोई एक कंडक्टर टूटकर जमीन पर गिर जाए तब वह कंडक्टर वहां पर संचार (भ्रमण, घूम, चल) कर रहे प्राणी/मनुष्यों के लिए अत्यंत ही धोकादायक साबित हो सकता है । अगर कभी ऐसा होता है तो उस सर्किट में अर्थ फॉल्ट होकर सुरक्षा उपकरण कार्यान्वित हो जाते हैं और उस टूटे कंडक्टर वाले हिस्से को विद्युत सप्लाई से अलग कर देते हैं । जिस वजह से वहा संचार कर रहे मनुष्य/प्राणी तथा उपकरण होने वाली हानि से बच जाते हैं । थ्री फेज प्रणाली में डिस्ट्रीब्यूशन ट्रांसफार्मर की सेकंडरी वाइंडिंग का स्टार कनेक्शन करके वह पॉइंट अर्थ किया जाता है । उस अर्थ पॉइंट से लोड के लिए एक न्यूट्रल वायर बाहर निकली जाती है । इसे न्यूट्रल अर्थिंग (Earthing) कहते हैं । थ्री फेज में अगर लोड अनबैलेंस (असंतुलन) हो जाए, तब उस सर्किट का अनबैलेंस करंट न्यूट्रल अर्थिंग से होता हुआ जमीन में चला जाता है । इस वजह से लाइन और अर्थ में का पोटेंशल डिफरेन्स कम होकर थ्री फेज का वोल्टेज बैलेंस कायम रखा जाता है । इस

वजह से उस सर्किट में स्थित उपकरणों को सुरक्षित रखा जाता है । यह सिस्टम अर्थिंग की वजह से ही संभव होता है । सिस्टम अर्थिंग विद्युत निर्मिति केंद्र (जनरेटिंग स्टेशन), और सबस्टेशन में की जाती है । जनरेटिंग स्टेशन के अल्टरनेटर की वाइंडिंग और सबस्टेशन में पॉवर ट्रांसफार्मर की सेकंडरी वाइंडिंग का स्टार कनेक्शन करके उनका स्टार पॉइंट अर्थ किया जाता है । जिसे सिस्टम अर्थिंग या न्यूट्रल अर्थिंग (Earthing) कहा जाता है ।

उपकरण अर्थिंग (Equipment Earthing) -

विद्युत उपकरण का वह धातुयुक्त भाग जो विद्युत प्रवाह के बहाव के लिए उपयोग में न आता हो, अथवा उपकरण की बॉडी का संबंध स्थायी और निर्बाध रूप से सिस्टम अर्थिंग से करना उपकरण अर्थिंग(Equipment Earthing)कहलाता है । हमारे घरों में की जाने वाली अर्थिंग यह उपकरण अर्थिंग(Equipment Earthing)का ही एक प्रकार है ।

किसी भी विद्युत उपकरण और उस पर काम कर रहे मानवी जीवन की सुरक्षा के लिए उस उपकरण को अर्थिंग करना बहुत जरूरी होता है । उपकरण में इस्तेमाल किए जाने वाले इन्सुलेशन का रेसिस्टेन्स कम होकर उसमे से लीकेज करंट बहने लगता है । यह लीकेज करंट उपकरण के धातुयुक्त भाग में निरंतर घूमते रहता है, जिस वजह से उपकरण की उष्णता बढ़कर वह जलने की संभावना होती है । ऐसे समय पर **उपकरण अर्थिंग**(Equipment Earthing)की वजह से वह लीकेज करंट जमीन में चला जाता है, और उपकरण सुरक्षित रह पाता है । अगर उपकरण को विद्युत स्पाय देने वाली केबल या वायर का इंसुलेशन किसी कारणवश खराब हो जाए तो फेज या लाईव वायर का उपकरण की बॉडी से सीधा संपर्क होता है, और उपकरण की बॉडी में विद्युत करंट का बहाव होने लगता है । अगर कोई इंसान उस उपकरण पर काम करने लगे तो, उपकरण को स्पर्श करते ही उस इंसान को जोरदार बिजली का झटका मेहसूस होगा । उस इंसान की जान भी जा सकती है । वह उपकरण अगर **उपकरण अर्थिंग**(Equipment Earthing)से जुड़ा हो तो वहां अर्थ फॉल्ट होकर सुरक्षा साधन (फ्यूज/MCB) कार्यान्वित होंगे और उस उपकरण को विद्युत आपूर्ति से अलग कर देंगे । परिणामस्वरूप उस उपकरण पर काम करने वाला व्यक्ति सुरक्षित रहेगा ।

डबल अर्थिंग (Double Earthing)

अर्थ कंडक्टर अगर किसी कारण से बीच से कहीं टूट जाए या खराब हो जाए, तो उपकरण पर काम करते समय ऊपर बताई गई जीवित या वित्त (जन - धन) हानि संभव होती है । ऐसा न हो इसलिए अधिक सुरक्षा हेतु औद्योगिक उपकरण के धातुयुक्त बॉडी में दो जगहों पर दो अलग अलग अर्थिंग की जाती है । जिसे डबल अर्थिंग कहते हैं। यदि उनमे से कोई एक अर्थिंग निष्क्रिय (खराब/फेल) हो जाये तो दूसरी अर्थिंग से उपकरण सुरक्षित रहता है ।

नोट – अधिकतर डबल अर्थिंग लाइटिंग अरेस्टर, ट्रांसफार्मर अथवा अन्य उपकरण, और ट्रांसफार्मर न्यूट्रल की करते हैं ।

विशेष मांग पर की जाने वाली अर्थिंग (Special Demand Earthing) – तड़ित अर्थिंग (Lightning Earthing)-

कुछ विशिष्ट जगहों पर ऊंची इमारतों की स्टेटिक चार्ज (Static Charge) (आकाशीय बिजली) से सुरक्षा करने के लिए स्टेटिक अर्थिंग (Static Earthing) की जाती है ।

बड़ी – बड़ी ऊंची इमारतें और हॉस्पिटल के ऑपरेशन थिएटर ऐसी जगहों पर लाइटनिंग कंडक्टर इनस्टॉल करके उनको अर्थिंग (Earthing) से कनेक्ट किया जाता है । ओवर हेड लाइन पर लाइटनिंग अरेस्टर इनस्टॉल करके उन्हें भी अर्थ किया जाता है । जिससे आकाशीय बिजली का डिस्चार्ज अर्थ कंडक्टर से होकर जमीन में चल जाता है ।

और इस प्रकार ऊंची इमारतें और ओवर हेड लाईन सुरक्षित रहते हैं । क्लीन अर्थिंग (Clean Earthing) कहीं जगहों पर कंप्यूटर डेटा प्रोसेसिंग उपकरणों के लिए क्लीन अर्थिंग की जाती है । जो स्वतंत्र रूप से कंप्यूटर सिस्टम से कनेक्ट होती है । क्लीन अर्थिंग मतलब ऐसी अर्थिंग जो आम तौर पर इस्तेमाल की जाने वाली अर्थिंग के संपर्क में न होकर सिर्फ एक ही उपकरण के लिए इस्तेमाल की जाती है ।

9
अर्थिंग से संबंधित महत्वपूर्ण परिभाषाएं

अर्थिंग से संबंधित महत्वपूर्ण परिभाषाएं

अर्थिंग को समझने के लिए कुछ परिभाषाएं निम्न प्रकार है;-

1. भू - संपर्कित वस्तु (Earthed object): किसी वस्तु का अर्थ होना उसे कहा जाता है जब वह अर्थ इलेक्ट्रॉड से जुड़ी हुई होती है। अर्थ इलेक्ट्रॉड पर शून्य विभव होने के कारण इससे संपर्क में आने वाले सभी विद्युतीय साधनों का वोल्टेज भी शून्य हो जाता है।

2. अर्थ इलेक्ट्रॉड (Earth Electrode): एक धातु का पाइप, वाटर पाइप या अन्य कंडक्टर जो भारतीय विद्युत नियमों के अनुरूप हो उसे पृथ्वी में दबा दिया जाता है, अर्थ इलेक्ट्रॉड कहलाता है।

3. अर्थ चालक (Earth Conductor): अर्थिंग के लिए जब दो भागों को एक चालक द्वारा जोड़ा जाता है तथा फॉल्ट होने पर इससे फॉल्ट धारा प्रवाहित होती है, इसे अर्थ चालक कहते हैं।

4. अर्थिंग लीड (Earthing Lead): वह तार जिससे अर्थ इलेक्ट्रॉड को कनेक्ट किया जाता है, अर्थिंग लीड कहलाता है।

5. लाइव तार (Live wire): वह तार जो विद्युत चार्ज से पूर्ण हो, और अर्थ के साथ विभवांतर रखे, लाइन तार कहलाता है।

6. भू - संपर्कित सप्लाई (Earthed Supply): न्यूट्रल को अर्थ से जोड़ने वाले प्वाइंट को भू - संपर्कित कहा जाता है।

10

अर्थिंग कितने प्रकार से की जाती है ?

अर्थिंग कितने प्रकार से की जाती है ?

अर्थिंग स्थापित करने की सामान्य विधियां निम्न प्रकार है

- प्लेट अर्थिंग (Plate Earthing)
- पाइप अर्थिंग (Pipe Earthing)
- रॉड अर्थिंग (Rod Earthing)
- वायर/कोइल अर्थिंग (Wire/Coil Earthing)
- वाटर टैप अर्थिंग (Water Tap Earthing)

अर्थिंग के लाभ और हानियां
अर्थिंग के लाभ (Advantages of earthing)

- यदि विद्युत उपकरणों पर सटीकता से अर्थिंग की जाती है तो ऐसे में यदि धारा (करंट) का क्षरण हो, तो भी मनुष्य को विधुत झटका नही लगता है ।
- जैसे ही करंट लीकेज होती है, भूमि के संपर्क में आती है जिससे धारा का मान बढ़ जाता है और एमसीवी (MCV) परिपथ को बंद कर देती है व फ्यूज पिघलकर परिपथ (सर्किट) तोड़ देता है ।
- उपकरणों व अधिस्थापन में विद्युत धारा (करंट) बहन करने वाले भाग भू विभव पर बने रहते है ।

- ओवरहैड लाइनों पर उच्च वोल्टेज आने पर अर्थिंग व्यवस्था के कारण इसे भूमि में समायोजित कर दिया जाता है जिससे लाइन व उपकरणों में हानि नही होती है ।
- अर्थिंग को ट्रांसफार्मर, मोटर, अल्टरनेटर व सभी मशीनों से जोड़ने से दुर्घटनाओं की समस्या कम हो जाती है ।

अर्थिंग की हानियां (Disadvantages of earthing)

- अर्थिंग तार कही से टूट जाए व उस भाग का जमीन से कोई संपर्क नहीं रह पाया तो ऐसी स्थिति में धारा कही से तार में प्रवाहित हो जाए तो दुर्घटना घट सकती है ।
- अर्थिंग का बहुत अधिक प्रतिरोध अप्रभावी रहता है । अर्थात घटना से बचने के लिए कम से कम रजिस्टेंस का वायर अर्थ के लिए उपयोग करते हैं ।

प्लेट अर्थिंग *(Plate Earthing)*

इस प्रकार की अर्थिंग के नाम से ही हम समझ सकते हैं कि इसमें धातू की प्लेट का उपयोग होता है । प्लेट अर्थिंग के लिए तांबे (Copper) के धातु की या जीआई (G.I.) की प्लेट का उपयोग किया जाता है ।

प्लेट अर्थिंग करने के लिए जमीन में 90×90 cm का गइढा 3 मीटर तक गहरा खोदा जाता है ।

प्लेट भूसम्पर्कन

प्लेट का अर्थ बनाते समय 60 सेंटीमीटर मोटी और 5 मिलीमीटर मोटी 60 सेंटीमीटर की तांबे या कच्चा लोहे की एक प्लेट ली जानी चाहिए । चूंकि तांबा बहुत महँगा है, इसलिए इसे आर्थिक बनाने के लिए बड़ी प्लेटों का उपयोग करते हैं । यदि संभव हो तो केवल तांबे का उपयोग करना बेहतर है।

1. उपयुक्त स्थान पर घर से दो से तीन मीटर की दूरी पर गइढा खोदें । इसमें प्लेट रखें और गड्ढों के बाहर प्लेट के केंद्र से तार को जोड़ देवें । फिर गड्डे को भरने के लिए गड्डे में चारकोल और गाढ़ा नमक की एक परत मिलाएं ।
2. सबसे ऊपरी परत मिट्टी । यह सुनिश्चित करने के लिए ध्यान रखा जाता है कि बैठने की जगह संभवतः नम हो ।
3. प्लेट से जुड़े तारों को मुख्य मेनू से जोड़ा जाना चाहिए ।

4. फैक्ट्री में सेंस वायर के लिए कॉपर वायर के खुलने से आपको मनचाहे मशीन की बॉडी का बोध कराना आसान हो जाता है ।

5. इस सार्थक तार की समय - समय पर जाँच की जानी चाहिए । इसका मतलब है कि अगर यह टूट गया है तो इसे तुरंत मरम्मत में जोड़ा जा सकता है ।

अर्थिंग प्लेट (Earthing Plate) की साइज (Size) क्या होनी चाहिए?

उस गड्ढे में 60 cm लंबी×60cm चौड़ी और 3.15 mm मोटी तांबे (Copper) की प्लेट या फिर 60 cm लंबी × 60cm चौड़ी और 6.3 mm मोटाई वाली जीआई (G.I.) की प्लेट अर्थ इलेक्ट्रोड के रूप में इस्तेमाल की जाती है ।

उस प्लेट को 19 mm और 12.7 mm व्यास के दो पाईप जोड़ दिए जाते हैं । 19 mm व्यास वाले पाईप के ऊपरी सिरे पर एक फनेल जुड़ी होती है। अर्थ इलेक्ट्रोड से कनेक्शन करने ले लिए एक ओपन कॉपर/जीआई (G.I.) वायर 12.7 mm व्यास वाले पाईप से होते हुए जमीन से बाहर निकली जाती है ।

अर्थ इलेक्ट्रोड के चारो ओर रेत (बालू), नमक और कोयले की 15 - 15 cm की एक के बाद एक परत दर परत बिछाई जाती है । इस तरह की परत ऊपर 90 cm तक बिछाई जाती है ।

बाकी का गड्ढा काली मिट्टी से भरने के बाद, साधारणतः 2.5 मीटर के बाद अर्थ कंडक्टर वाले पाईप को बाहर निकल जाता है, जहां पर अर्थिंग का कनेक्शन करना होता है । जिस पाईप के ऊपरी सिरे पर फनेल लगी होती है ।

उस पाईप के चारो ओर जमीन की सतह बसे नीचे 30cm × 30 cm सीमेंट कॉन्क्रीट का एक टैंक बना दिया जाता है, और उसे कास्ट आयरन से बने एक ढक्कन से ढक दिया जाता है ।

इस तरह से प्लेट अर्थिंग करके मुख्य स्विच और वहां से आवश्यक स्थान तक अर्थ कंडक्टर पहुंचाकर अर्थिंग की जाती है ।

जनरेटिंग स्टेशन और सब स्टेशन्स में इस प्रकार की अर्थिंग की जाती है ।

पाईप अर्थिंग (Pipe Earthing) -

पाईप भूसम्पर्कन

यह पाइप का उपयोग करता है । जस्ता भंग लोहे की नली (जी.आई. पाइप) को गड्ढे में डाला जाता है । प्लेट शमन में मोटे कोयले और मोटे नमक का उपयोग होता है, जैसा कि प्लेट में होता है । यह पाइप के ऊपरी छोर पर एक तार संलग्न करके मुख्य स्विच से जुड़ा हुआ है ।

पाईप अर्थिंग करने के लिए जमीन में *70cm* लंबा, *70cm* चौड़ा और *3.75* मीटर गहरा एक गड्ढा किया जाता है । *38mm* व्यास और *2* मीटर लंबा एक *G.I.* का पाईप उस गड्ढे में अर्थ इलेक्ट्रोड के रूप में उपयोग में लाया जाता है ।

उस पाईप की पूरी सतह पर 12mm के छिद्र बने होते हैं । जो आपस मे 7.5 cm अंतर पर बने होते हैं । इस अर्थ इलेक्ट्रोड को रिड्युसिंग सॉकेट की मदद से 19mm व्यास का एक और 12.7mm व्यास का एक ऐसे दो जीआई (G.I.) पाईप कनेक्ट किये जाते हैं ।

19mm व्यास वाले पाईप के ऊपरी सिरे पर एक फनेल जुड़ी होती है । फनेल का उपयोग अर्थिंग को पानी देने के लिए किया जाता है । अर्थ लीड के लिए एक ओपन कंडक्टर अर्थ इलेक्ट्रोड को कनेक्ट करके 12.7mm व्यास वाले पाईप के जरिये बाहर निकाला जाता है ।

इसका उद्देश्य यह है कि अर्थ लिड को कहीं से क्षति न पहुंचे ।

अर्थ इलेक्ट्रोड के चारो ओर नीचे से 15 - 15cm के अंतराल से रेती (बालू), नमक और कोयले की परत दर परत बिछाई जाती है ।

अर्थ इलेक्ट्रोड के ऊपर का गड्ढा मिट्टी से ढक दिया जाता है ।

अर्थ कंडक्टर जो 12.7mm व्यास वाले पाईप से बाहर निकाला जाता है, उसे आगे जमीन में 60 cm नीचे से होते हुए, जिस जगह पर अर्थिंग करनी हो वहां तक पहुंचाया जाता है ।

फनेल के चारो ओर 30×30 cm का सीमेंट कॉन्क्रीट का एक टैंक बनाया जाता है । उसे कास्ट आयर्न के एक ढक्कन से ढक दिया जाता है ।

इस प्रकार की लो और मीडियम व्होल्टेज की वायरिंग इंस्टालेशन के लिए की जाती है ।

अर्थिंग में नमक और कोयला क्यों डाला जाता है ?

अर्थिंग करते समय अर्थ इलेक्ट्रोड के चारो ओर नमक और कोयला डाला जाता है । क्योंकि नमक जमीन के क्षार को सोख लेता है । और कोयला जमीन की नमी बनये रखता है । जिससे जमीन की कंडक्टिव्हीटी बढ़ जाती है । जमीन की कंडक्टिव्हीटी ज्यादा होगी तभी लीकेज करंट आसानी से जमीन में जा पायेगा ।

अर्थिंग में पानी क्यों डाला जाता है ?

गर्मियों के मौसम में जमीन सूख जाती है । जिस कारण जमीम की कंडक्टिव्हीटी कम हो जाती है । जमीन में नमी बढाने के लिए अर्थिंग में फनेल के जरिये पानी डाला जाता है । अर्थिंग में कर्चरा जाकर पानी डालने का मार्ग बंद न हो जाये इस वजह से अर्थिंग के फनेल के ऊपर एक कास्ट आयर्न का ढक्कन लगाया जाता है ।

रॉड (छड़) अर्थिंग (rod earthing)

अर्थिंग का यह प्रकार बहुत कम मात्रा में प्रयोग किया जाता है । इस प्रकार के earthing टेंपरेरी भी प्रयोग किया जाता है इसमें धातु की रॉड एक नमी वाले स्थान पर गाड़ दिया जाता है । तथा उससे अर्थ वायर को जोड़ दिया जाता है ।

पत्ती अर्थिंग (strip earthing)

पत्ती अर्थिंग (Strip earthing) भी बहुत कम प्रचलित है । इसमें एक धातु की पत्तीनुमा होती है । जिसे नीचे जमीन मे गाड़ दिया जाता है । तथा पत्ती से अर्थ वायर (earth wire) को जोड़ दिया जाता है ।

वायर/कोइल अर्थिंग (Wire/Coil Earthing)

अगर अर्थ इलेक्ट्रोड उपलब्ध न हो तो उसकी जगह 8 एसडब्ल्यूजी जीआई वायर की लीड 2.5 मीटर लम्बाई और अर्थिंग कोइल 115 टर्न 50 एमएम डाया/व्यास जीआई वायर का इस्तेमाल किया जाना चाहिए । यह अधिकतर पीसीसी पोल अर्थिंग में करते हैं ।

वाटर टैप अर्थिंग (Water Tap Earthing)

ऐसे स्थल जहां जमीन अधिकतर कंक्रीली, पथरीली होती हैं , वहां पर ट्यूब बेल बोर करके उस ट्यूब बेल के पाइप को ही अर्थ से कनेक्ट करते हैं क्योंकि उस पाइप का हमेशा जल से सम्पर्क बना रहता है । दूसरे सभी अर्थ पिटों को वाटर टेप से कनेक्ट कर देते हैं जहां से निरंतर पानी आने से पिटों में नमी बनी रहती है ।

11

विद्युत् लाइन अर्थिंग

विद्युत् लाइन अर्थिंग

- लाइन और बिजली के उपकरणों को अर्थ करना महत्वपूर्ण होता है । बिना अर्थिंग किये बिजली की दृष्टि से असुरक्षा होती है । पोल/किसी उपकरण के मुख्य अंश (हिस्सा) को ठोस रूप से मिट्टी से जोड़ देने को अर्थिंग कहा जाता है ।
- शॉर्ट सर्किट या लीकेज होने पर करंट मिट्टी की तरफ कम से कम रजिसटेन्स के साथ आगे बढ़ेगा ताकि सर्किट के जरिए अधिकतम करंट बढ़े जिससे फ्यूज उड़ जाएगा और सर्किट ब्रेकर ट्रिप कर जाएगा । इस कारण से फाल्टी लाइन या उपकरण लाइव/चालू सर्किट से अलग हो जाएगा ।
- एचटी लाइन के हर (प्रत्येक) पोल को अर्थ करते हैं .
- एलटी लाइन के हर पांचवे पोल को अर्थ करना चाहिए । एलटी पोल की सभी धातु की बनी फिटिंग और स्टे को अर्थ किया जाना चाहिए और उसे न्यूट्रल से जोड़ देना चाहिए क्योंकि यह न्यूट्रल मल्टीपल अर्थ न्यूट्रल होता है ।
- क्रॉस आर्म, टॉप क्लैम्प, पीसीसी पोल के इंसुलेटर पिनों की अर्थिंग्ग पोल के साथ ही करनी चाहिए ।
- अगर अर्थ इलेक्ट्रोड उपलब्ध न हो तो उसकी जगह 8 एसडब्ल्यूजी जीआई वायर की लीड 2.5 मीटर लम्बाई और अर्थिंग कोइल 115 टर्न 50 एमएम डाया/व्यास जीआई वायर का इस्तेमाल किया जाना चाहिए ।
- अर्थ रजिस्टेंस -
- अर्थ रजिसटेन्स निम्नलिखित बातों पर निर्भर करता है –
- 1 - मिट्टी का प्रकार – कंकरीली, रेतीली, पीली, दोमट, मटियार, काली, पथरीली आदि, खराव मिट्टी की जगह अच्छी मिट्टी का उपयोग .
- 2 - जमीन का तापमान – मौसम अनुसार

- 3 - मिट्टी में नमी – मौसम अनुसार, गर्मी में पानी डालना
- 4 – मिट्टी में खनिज - मिट्टी में कोयला, काली मिट्टी, मुलतानी मिट्टी/बेंटोनाइड पाउडर का उपयोग
- 5 – मिट्टी में इलेक्ट्रोड की लम्बाई/गहराई – गहराई अधिक करना
- 6 – इलेक्ट्रोड की शक्ल/टाइप और आकार – वायर, फ्लेट, रोड, कॉयल, पाइप अर्थिंग
- 7 – दो इलेक्ट्रोडों के बीच की दूरी – दूरी कम रखना
- 8 – इलेक्ट्रोडों की – अर्थिंग अरेंजमेंट्स

12

वितरण ट्रान्सफार्मर अर्थिंग

वितरण ट्रान्सफार्मर अर्थिंग

- वितरण ट्रांसफार्मर के लिए तीन अर्थ गड्ड/पिट 6500 मिमी लंबाई वाले समद्विभुज त्रिकोण तथा डीपी स्ट्राकचर के दोनों तरफ एक – एक अर्थ पिट और तीसरा पिट डीपी के मध्य डीपी से समान दूरी पर होता है । प्रत्येक इलेक्ट्रोड ए ग्रेड जीआई पाइप का बना होता है । और उसकी मोटाई 50 मिमी और लम्बाई 8 फुट होती है । ये लंबाई में गाड़ दिये जाते हैं और इनका 4 इंच का सिरा जमीन के ऊपर होता है जिस पर अंग्रेजी के यू शेप वाली क्लैम्प जड़ी होती है ।

- एलए (लाइटिंग अरेस्टर) अर्थिंग - डीपी के एक तरफ के गड्डे (पिट) में तीनों एलए डबल वायर से जोड़ते हुए अर्थ पिट तक लाया जाता है ।

- न्यूट्रल अर्थिंग - दूसरे अर्थ पिट में ट्रांसफार्मर न्यूट्रल बुशिंग से डबल जीआई वायर (4 वर्ग एमएम, 8 एसडब्ल्यूजी) लगाया जाता है ।

- बॉडी अर्थिंग एवं अन्य शेष अर्थिंग - तीसरे पिट में नॉन करेंट कैरिंग पार्ट जुड़े होते हैं जो पोल के अर्थ टर्मिनल तक जाते हैं और ट्रांसफार्मर टैंक बॉडी से दो अर्थ वायर के द्वारा जुड़े होते हैं ।

- हर उपकरण के लिए दो अर्थ वायर होते हैं जो 4 वर्ग मिमी के जीआई वायर से अर्थ से जुड़े होते हैं ।

- अर्थ लीड में कोई जोड़ नहीं होते, अगर जोड़ पड़ ही जाए तो उन्हें ब्रैंज, रिवेटिड और बेलडिड होने चाहिए और इन पर बिटुमिनस पैंट लगा होना चाहिए ।

- अर्थिंग के गड्डे 5 फुट लंबे, 2.5 फुट चौड़े, 6 से 9 फुट गहरे होने चाहिए ।

ट्रान्सफार्मर भू (अर्थ रजिस्टेंस) प्रतिरोध -

भारत में विभिन्न अधोसंरचना के लिए मानक न्यूनतम भू – प्रतिरोध (अर्थ – रजिसटेन्स) –

- पावर स्टेशन (उत्पादन) – 0.5 ओहम,
- अति उच्च दाब (ईएचटी) उपकेंद्र – 1.0 ओहम,
- 33/11 केवी उपकेंद्र – 2.0 ओहम तथा
- वितरण ट्रांसफार्मर (11/0.4 केवी उपकेंद्र) – 5.0 ओहम,
- टावर फूट प्रतिरोध - 10 ओहम.

13

पावर उप केन्द्र (33/11 केवी सब स्टेशन) अर्थिंग

पावर उप केन्द्र (33/11 केवी सब स्टेशन) अर्थिंग –

पावर उप केन्द्र पर स्थापित प्रत्येक उपकरण की अर्थिंग करना अनिवार्य होता है । उपकेन्द्र में स्थापित पावर ट्रांसफार्मर के लिए भी वितरण ट्रान्सफार्मर के अनुसार ही तीन अर्थ गड्डे (पिट) बनाए जाते हैं । जिनमें एक अर्थ पिट एलए (लाइटिनिंग अरेस्टर) के लिए, दूसरा अर्थ पिट न्यूट्रल अर्थिंग के लिए और तीसरा अर्थ पिट पावर ट्रान्सफार्मर बॉडी अर्थिंग के लिए उपयोग किया जाता है । यहां यह स्पष्ट करना भी आवश्यक है कि उपरोक्त तीनों को डबल अर्थ करते हैं । अन्य सभी उपकरण (वीसीबी, सीटी, पीटी, सीटीपीटी/एमई यूनिट, मीटर आदि) और संरचना/ढांचा (स्ट्रक्चर – पोल, चेनल, डीपी, टीपी, एबी स्विच, आइसोलेटर, डीओ चेनल, मीटरिंग बॉक्स, कंट्रोल पेनल आदि) सभी को भी अलग अलग अर्थ पिट से अर्थ करते हैं । पावर उपकेन्द्र का क्षेत्र अधिक होने तथा काफी संख्या में अर्थ पिट होने से भी अर्थ पिट के अलग अलग रजिस्टेंस के कारण भी पावर उपकेन्द्र में जमीन पर करंट होने की संभावनाएं हो सकती हैं । इसके लिए ही उपकेन्द्र पर गिट्टी बिछाई जाती है क्योंकि –

1 – गिट्टी एक इन्सुलेशन का कार्य करती है । जिससे उस क्षेत्र में कार्यरत कर्मचारी सुरक्षित रह सकें ।

2 – गिट्टी बिछे होने से उस क्षेत्र में रेंगने वाले (रेप्टाइल) कीड़े, मकोड़े, जानवर आदि वहां न आ सकें क्योंकि उनको गिट्टी पर रेंगने/चलने में असुविधा होती है ।

3 – बर्षात के मौसम में पानी भी मिट्टी के अन्दर आसानी से चला जाता है जो अर्थ रजिस्टेंस (प्रतिरोध) को कम करने में मदद करता है ।

4 – अतिरिक्त कार्य अथवा पुन: अर्थिंग अथवा अन्य कार्य करने के लिए गिट्टी को हटाकर वह कार्य आसानी से किया जा सकता है और कार्य उपरान्त गिट्टी पुन: आसानी से बिछा दी जाती है ।

उपकेन्द्र मेश (जाली) अर्थिंग -

सम्पूर्ण पावर उपकेन्द्र परिसर में मेश (जाली) अर्थिंग करते हैं जिससे विभिन्न अर्थ पिट के अर्थ रजिस्टेंस अलग होते हुए भी मेश (जाली) के कारण सभी समानांतर क्रम में होने से सब का कुल रजिस्टेंस कम हो जाएगा । उदाहरण के लिए यदि चार पिट (गड्डे) के रजिस्टेंस क्रमश: 1, 2, 3, और 4 ओहम है यदि उनको श्रेणी क्रम (सीरीज) में जोड़ते है तब कुल रजिस्टेंस (1+2+3+4= 10) 10 ओहम होगा । लेकिन जब इन रजिस्टेंस को समानांतर क्रम में जोड़ दें तब कुल रजिस्टेंस (1/आर = 1/आर1 + 1/आर2 +1/आर3 + 1/आर4 , 1/आर = 1/1 +1/2 +1/3 + ¼ = 25/12 तब आर = 12/25 = 0.48) 0.48 ओहम होगा जो प्रत्येक रजिस्टेंस से भी कम है जो विद्युत् उपकरण और संरचना के लिए लाभकारी है ।

उपकेन्द्र अर्थिंग सावधानियां –

1 - पावर उपकेन्द्र के एलए अर्थिंग और न्यूट्रल अर्थिंग के पिटों (गड्डों) को अन्य अर्थिंग के गड्डों से अलग ही रखते हैं । इन्हें अन्य गड्डों से नहीं जोड़ते, जिससे एलए का फाल्ट करेंट अथवा न्यूट्रल का फाल्ट करेंट दूसरे उपकरणों को प्रभावित कर सकता है ।

2 – हमेशा कंट्रोल रूम (नियंत्रण कक्ष) की अर्थिंग अलग से ही करते हैं और कंट्रोल रूम की अर्थिंग को पावर उपकेन्द्र अर्थिंग से अलग रखते है । किन्ही करण से यदि दोनों अर्थिंग पिट आपस में जोड़ दिए जाते है अर्थात कॉमन कर दिए जाते हैं, ऐसी स्थिति में लाइन व उपकरण में आए फाल्ट करेंट के कारण कंट्रोल रूम की रिले अथवा पेनल क्षतिग्रस्त हो जाते हैं अथवा जल जाते हैं ।

3 - और यही स्थिति पावर उपकेन्द्र के यार्ड लाइट के उपकरणों के साथ होती हैं क्योंकि लाइन व उपकरण में आए फाल्ट के कारण यार्ड लाइट उपकरण भी क्षतिग्रस्त अथवा फ्यूज हो जाते हैं ।

4 - पानी की व्यवस्था – उपकेंद्र में ट्यूब वेल अथवा कुएं/हेंड पम्प में मोटर लगाकर अथवा टैंकर से पानी देकर अर्थिंग के गड्डों में सदैव नमी बनाए रखना चाहिए ।

14

केमीकल अर्थिंग

केमीकल अर्थिंग

केमीकल अर्थिंग क्या है ?

केमीकल अर्थिंग (Chemiccal earthing) कुछ भी नहीं है, एक पारंपरिक चारकोल – आधारित अर्थिंग है जो उच्च प्रतिरोधी मिट्टी में भी अच्छे रिजल्ट बनाए रखता है । आमतौर पर 2 तरह के केमिकल कम्पाउंड का प्रयोग किया जाता है, बेंटोनाइट और ग्रेफाइट, ये दोनों तरह के कंपाउंड केमिकल अर्थिंग के सपोर्टिंग केमिकल कंपाउंड्स है । केमिकल अर्थिंग में कॉपर, कॉपर बोंडेड, जीआई (GI) इलेक्ट्रोड का उपयोग होता है ।

केमिकल अर्थिंग को लगाने के क्या फायदे है ?

केमिकल अर्थिंग मेंटनेंस फ्री होता है, केमिकल अर्थिंग कम पानी वाले सतहों में भी अच्छे से काम कर जाता है, अगर जमीन (साइल) की रेसिस्टिविटी अधिक है तो केमिकल अर्थिंग अच्छे से काम करते है । केमिकल अर्थिंग की काफी लम्बे समय तक टिकती भी है, जिससे आपको बार बार अर्थिंग बदलने या मेंटनेंस से छुटकारा मिल जाता है ।

जीआई इलेक्ट्रोड (केमिकल अर्थिंग) – *(GI Electrode Chemical Earthing)* -

1. पाइप इन पाइप/पाइप इन स्ट्रिप टेक्नोलॉजी
2. गर्म डूबा जस्ती जीआई पाइप आईएसआई चिह्नित और स्ट्रिप्स का उपयोग किया जाता है ।
3. अत्यधिक प्रवाहकीय मिश्रण इलेक्ट्रोड के अंदर डाला जाता है ताकि आंतरिक कंडक्टर व्यावहारिक रूप से कभी भी खुरचना न करें और सबसे कम संभव प्रतिरोध प्रदान करें ।

एक अर्थ एनहांसमेंट मटेरियल एक बेहतर प्रवाहकीय सामग्री है जो अर्थिंग प्रभावशीलता में सुधार करती है, विशेष रूप से खराब चालकता (चट्टानी जमीन, नमी भिन्नता, रेतीली मिट्टी आदि) के क्षेत्रों में । एनएबीएल लैब ने 0.026 ओम - एम प्रतिरोधकता का परीक्षण किया। यह पृथ्वी इलेक्ट्रोड और ग्राउंड संपर्क क्षेत्र की चालकता में सुधार करता है ।

केमिकल अर्थिंग की निम्नलिखित विशेषताएं हैं –

उच्च चालकता, पृथ्वी को अवशोषित करने वाली शक्ति और आर्द्रता की अवधारण क्षमता में सुधार करती है ।

- प्रकृति में गैर - संक्षारक कम पानी में घुलनशीलता लेकिन अत्यधिक हीड्रोस्कोपिक ।

- सूखे रूप में या घोल के रूप में स्थापना के लिए उपयुक्त है ।
- इसकी चालकता बनाए रखने के लिए पानी की निरंतर उपस्थिति पर निर्भर करता है ।
- स्थायी और रखरखाव मुक्त और अपने निर्धारित रूप में, समय के साथ निरंतर पृथ्वी प्रतिरोध बनाए रखता है ।
- तक़रीबन 100 C से + 600 C परिवेश के तापमान के बीच भी थर्मल स्थिरता ।
- आवधिक चार्जिंग उपचार की आवश्यकता नहीं है और न ही प्रतिस्थापन और रखरखाव की ।
- किसी भी प्रकार के इलेक्ट्रोड और विभिन्न प्रतिरोधकता की सभी प्रकार की मिट्टी के लिए उपयुक्त है ।
- मिट्टी या स्थानीय जल तालिका को प्रदूषित नहीं करता है और लैंडफिल के लिए पर्यावरण के अनुकूल आवश्यकताओं को पूरा करता है ।
- गैर विस्फोटक - जलन, आंख, त्वचा आदि में जलन नहीं होती
-
- बेंटोनाइट कम्पाउन्ड अर्थ रजिसटेन्स को अपने सामान्य स्तर से 25 % पर ला देता है । यह एक विशेष प्रकार की मिट्टी होती है जो पानी मिलाते ही अपने आयतन से कई गुना बढ़ जाती है तथा अपने आसपास की मिट्टी से नमी ले कर बहुत लंबे समय तक अपने अंदर बनाए रखती है । इस कारण अर्थिंग में बार – बार पानी डालने की आवश्यकता नहीं पड़ती । इसे साधारण बोल चाल की भाषा में मुलतानी मिट्टी भी कहते हैं । बेंटोनाइड कम्पाउन्ड के अलावा कोयला, बालू रेती, एवं काली मिट्टी का मिश्रण डालकर काली मिट्टी भरना चाहिए ।

15

घरेलू अर्थिंग

घर की अर्थिंग कैसे करें –

अर्थिंग करने के पहले हमें यह सुनिश्चित करना पड़ता है कि हमें किस काम के लिए अर्थिंग करना है । जब यह बात सुनिश्चित हो जाती है तो फिर उसके हिसाब से जमीन का प्रतिरोध चेक करना पड़ता है । इसमें अलग - अलग काम के लिए हमें और प्रतिरोध अलग अलग रखना पड़ता है जैसे कि -

- बड़े पावर स्टेशन की अर्थिंग के लिए जमीन का प्रतिरोध पॉइंट 5 ओम तक होना चाहिए ।
- मध्यम प्रकार के पावर स्टेशन के लिए जमीन का प्रतिरोध एक ओम तक होना चाहिए ।
- छोटे - छोटे सब स्टेशन का अर्थिंग करते समय जमीन का प्रतिरोध 2 ओम तक होना चाहिए ।
- इसी प्रकार अगर हम घर की अर्थिंग करते हैं तो उस समय जमीन का प्रतिरोध 2.5 से 5 ओम तक होना चाहिए ।

घर की अर्थिंग मे आप सामान्य प्रयोग के लिए रॉड अर्थिंग के द्वारा भी कर सकते हैं । लेकिन अगर आपको अच्छे से अर्थिंग का प्रयोग करना है तो आप पाइप अर्थिंग (pipe earthing) के साथ - साथ प्लेट अर्थिंग (plate earthing) का भी इस्तेमाल कर सकते हैं ।

नोट:- जमीन का प्रतिरोध मापने के लिए अर्थ टेस्टर का इस्तेमाल करते हैं ।

कुछ महत्वपूर्ण बातें

1. अर्थिंग (earthing) करने के लिए स्थान का चयन अपने घर के पीछे या ऐसी जगह करना चाहिए जहां पर बच्चों की पहुंच कम हो ।
2. अर्थिंग (earthing) करते समय सभी प्रकार के नियमों का पालन करना चाहिए ।
3. अर्थिंग (earthing) करने के लिए किसी टेक्नीशियन को ही बुलाना चाहिए ।

16

खराब विद्युत अर्थिंग की पहचान -

खराब विद्युत अर्थिंग की पहचान

सामान्यत: जीआई वायर का रंग ग्रे होता हैं, अर्थ फेल होने पर वायर गर्म होता है, रात के समय रेड हॉट दिखेगा, गर्म होने के बाद ठंडा होने पर वायर की कठोरता कम हो जाएगी, वायर मुलायम होगा, वायर का रंग उतर जाएगा, जंग/रस्टिंग लगाना शुरू हो जाएगी । जंग लगा, रंग उतरा/बदला, मुलायम वायर खराब अर्थिंग की पहचान हैं ।

- जाइंट ढीले होने से, पूर्ण संपर्क न होने से अर्थ पूरी तरह से काम नहीं करता
- टेस्टर से परीक्षण करने से वायर में करेंट बताएगा ।
- बल्ब होल्डर को एक फेस और अर्थ से चेक करने पर बल्ब नहीं जलेगा ।

17

अर्थ टेस्टर

अर्थ टेस्टर

अर्थ टेस्टर एक यंत्र है जो अर्थ (earth) इलेक्ट्रोड तथा जमीन के बीच का संपर्क प्रतिरोध का मान बताता है । मतलब कि हमे जिस स्थान पर अर्थिंग (earthing) करना है । उस स्थान पर एक **अर्थ इलेक्ट्रोड** (earth electrode) जमीन मे गाड़ दिया जाता है । तथा उससे कुछ दूरी पर अन्य दो इलेक्ट्रोड गाड़ कर उन दोनों के बीच का प्रतिरोध ज्ञात किया जाता है ।

अर्थ टेस्टर से अर्थिंगप्रतिरोध मापना

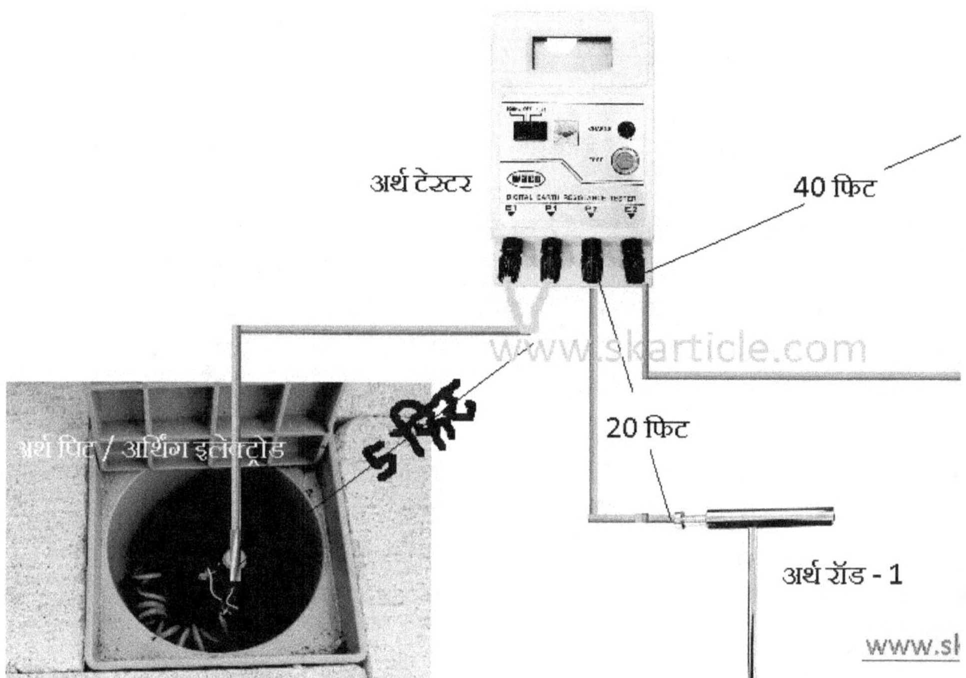

अर्थ टेस्टर (Megger) एवं अर्थ रेसिस्टेंस

अर्थ टेस्टर (Earth Tester) जिसे मेगर (Megger) के नाम से भी जाना जाता है । अर्थ टेस्टर उपयोग (Earth Tester Uses) के विषय में आपको कुछ उपयोगी जानकारी निम्नानुसार प्राप्त होगी ।

अर्थ टेस्टर उपयोग (Uses Of Earth Tester (Megger)) :

अर्थ - टेस्टर का प्रयोग -अर्थ टेस्टर का इस्तेमाल प्रतिरोध को मापने के लिए किया जाता है। यदि भूप्रतिरोध अधिक है तो उचित अभिक्रियाएं की जा सकती है ।

भू - परीक्षक का कार्यकरण :एक हस्त प्रचालित डीसी (DC) जनित्र होता है। जब स्पाइक की धारा को पोषित करते समय एसी (AC) धारा में संपरिवर्तक द्वारा संपरिवर्तित किया जाता है और स्पाइक से प्राप्त एसी (AC) धारा पुनः जनित्र की ओर जाते समय परिशोधक की सहायता से डीसी (DC) धारा में संपरिवर्तित हो जाता है ।

एसी (AC) धारा भूमि में चलित्र स्पाइक को पोषित करती है क्योंकि उसमें कोई इलेक्ट्रोलाइटिक प्रभाव नहीं होता ।

इस पद्धति में अर्थ टेस्टर अंतस्तथ सीआई (CI) और पीआई (PI) को प्रत्येक से अलग छांटा जाता है और परीक्षणाधीन भू - इलेक्ट्रॉड (पाइप) के साथ जोड़ा जाता है। अंतरथ पी

- 2 (P2) और सी - 2 (C 2) भूमि में चालित दो अलग - अलग स्पाइकों के साथ जोड़ दिए जाते है। इन दोनों स्पाइकों को 25 मी, और 50 मी, की दुरी पर उसी लाइन में रखा जाता है जिसके कारण व्यकितगत स्पाइकों के क्षैत्र में पारस्परिक हस्तशेप न हो । यदि हम विनिर्दिष्ट गति के साथ जनित्र हैंडल को घुमाते है तो हमें सीधे स्केल पर भू - प्रतिरोध मिल जाता है।

नोंट:-अर्थ में स्पाइक की लंबाई दो स्पाइकों के बीच की दुरी के 1 /20 वे भाग से अधिक नहीं होनी चाहिए।

अर्थिंग (Earthing) क्या होता है ?

चारसूत्रीपद्यति : -इस पध्धति में चार स्पाइकों को समान दुरी पर उसी लाइन में भूमि में गाड़ दिया जाता है । बाहरी स्पाइकों को प्रत्येक परीक्षक की C1 और C2 अंतस्थो के साथ जोड़ दिया जाता है । उसी प्रकार अंदर के दो स्पाइकों को P 1 और P2 अंतस्थो से जोड़ दिया जाता है। अब यदि हम विनिर्दिष्ट गति के साथ जनित्र हैंडल को घुमाते है तो हमें उस स्थान का भू प्रतिरोध मान मिलता है ।

इस पध्धति में ध्रुवीकरण प्रभाव के कारण त्रुटि समाप्त हो जाती है और अर्थ टेस्टर को एसी (AC) पर सीधे प्रचलित किया जा सकता है ।

भू - प्रतिरोधः

(क) भू - प्रतिरोध निम्नलिखित कारकों पर निर्भर करता है ।

1. मिट्टी की किस्म
2. भूमि का तापमान
3. भूमि मे आद्रता
4. भूमि में खनिज
5. भूमि में इलेक्ट्रॉड की लंबाई
6. इलेक्ट्ररॉड की आकृति और उसका आकार
7. दो इलेक्ट्रोडों के बीच की दुरी
8. इलेक्ट्रोडों की संख्या

(ख) अधिकतम भू – प्रतिरोध निम्नानुसार कारको पर आधारित है

- प्रमुख विधुत केंद्र 0.5
- प्रमुख उप केंद्र 1.0
- लघु उप केंद्र 2.0
- न्यूट्रल बुशिंग 2.0
- सर्विस कनेक्शन 4.0
- एलटी (L T) लाइटनिंग अरेस्टर 4 एलटी(L T) खंभा 5.0

- एचटी (H T) खंभा 10.0
- टावर 20 - 30
- यदि भूप्रतिरोध उपरोक्त मानों से अधिक है तो निम्नलिखित अभिक्रियाएं प्रतिरोध को कम करने के लिए की जा सकती है ।

1. ज्वाइंटो पर जंग हटा दिया जाए और ज्वाइंटो को कस दिया जाए
2. प्रयाप्त जल भू - इलेक्ट्रोडों में डाला जाए ।
3. जहां तक संभव हो, बड़े आकार के भू - इलेक्ट्रोडों का प्रयोग किया जाए ।
4. इलेक्ट्रोडों को समानांतर रूप में जोड़ा जाए ।
5. अधिक गहराई चौड़ाई और ऊंचाई की भू - गड्ढे बनाए जाएं ।

18

विद्युत लाइन रक्षण/गार्डिंग

विद्युत लाइन रक्षण/गार्डिंग

- गार्डिंग का मतलब है पूरी सुरक्षा । यह लाइन के नीचे होती है । अगर कंडक्टर टूट जाता है तो यह या तो गार्डिंग वायर को छूएगा या फिर जमीन पर गिरेगा और गार्डिंग पर पड़ा रहेगा । गार्डिंग हमेशा अर्थ की हुई होती है । ऐसी हालत में या तो लाइन प्रोटेक्शन काम करेगा अथवा लाइन स्विच ऑफ हो जाएगी । टूटा हुआ कंडक्टर विद्युत रहित हो जाएगा । लेकिन अगर गार्डिंग न हुई तो कंडक्टर जमीन पर गिर पड़ेगा और क्योंकि प्रोटेक्शन काम नहीं कर रहा है , इसलिए कंडक्टर में बिजली आती रहेगी । इससे दुर्घटनाएँ होंगी । इसलिए गार्डिंग बहुत जरूरी होती है ।
- गार्डिंग के प्रकार – पीवीसी गार्डिंग (डी क्लैम्प और प्रत्यक्ष शेकिल टाइप), लेसिंग गार्डिंग (कार्पेट गार्डिंग, क्रेडल गार्डिंग, बॉक्स टाइप)

विद्युत लाइन – पीवीसी गार्डिंग –

- इसका इस्तेमाल आमतौर पर तब होता है जब एलटी लाइनें खेतों से होकर गुजरती है। पीवीसी गार्डिंग का इस्तेमाल वहाँ होता है जहां लाइन खड़ी प्रकार की होती है । इसमें ऊपर वाले हिस्से को शेकिल बोल्ट से बांध देते हैं और नीचे वाले हिस्से को न्यूट्रल से जोड़ दिया जाता है इसके लिए एक जी आई वायर फ्रेम तैयार किया जाता है जो क्षैतिज (पड़े) प्रकार का होता है । ये तार पीवीसी पाइप से इंस्यूलेटिड होते हैं । अगर कंडक्टर झूल भी जाए तो उसे अर्थ की जरूरत नहीं होती क्योंकि वह पीवीसी पाइप के अन्दर होता है । ऐसी हालत में अगर कंडक्टर टूट जाता है तो वह जीआई वायर के संपर्क में आता है और अर्थ हो जाता है । इस कारण फ्यूज उड़ जाता है। फार्मेशन के हिसाब से गार्डिंग दो तरह की होती है –
- 1- डी क्लैम्प के इस्तेमाल के लिए ,

"

- 2 - डायरेक्ट/प्रत्यक्ष शेकिल टाइप

विद्युत् लाइन – लेसिंग गार्डिंग –

- लेसिंग गार्डिंग – कार्पेट, क्रेडल और बॉक्स टाइप की होती है । लेसिंग गार्डिंग में 2, 3 अथवा 4 गार्ड वायर होते हैं । ये क्रॉस आर्म से बंधे होते हैं । एक निश्चित दूरी पर ये उक्त तारों से बंधे होते हैं । यह गार्डिंग 33 केवी लाइन में इस्तेमाल होती है ।
- कार्पेट गार्डिंग – विनिर्दिष्ट लंबाई वाले क्रॉस आर्म पोल पर लगा दिये जाते हैं । गार्ड वायर के लिए 4 जीआई वायर इस्तेमाल किये जाते हैं । विनिर्दिष्ट दूरी पर लेसिंग बांध दिये जाते हैं । इस प्रकार की गार्डिंग का इस्तेमाल वहां किया जाता है जहां किसी पावर लाइन अथवा टेलीफोन लाइन क्रॉस करती है ।
- क्रेडल गार्डिंग – इसमें 6 गार्ड वायर होते हैं । इनमें से चार एक तरफ और दो ऊपर की और होते हैं । क्रॉस लेरिंग तीन तरफ से होती है । इसे ट्रे गार्डिंग भी कहते हैं । ऐसी हालत में अगर कंडक्टर टूट जाता है, अथवा उछल जाता है तो भी वह क्रेडल गार्डिंग से बाहर नहीं जाता । यह उन एलटी लाइन से लेकर 33केवी लाइनों में इस्तेमाल किया जाता है जो रिहासी इलाकों से गुजरती हैं अथवा सड़क पार करने के लिए इस्तेमाल होती हैं ।
- बॉक्स टाइप गार्डिंग – इसका इस्तेमाल मिलीजुली लाइनों के लिए किया जाता है । क्रॉस आर्म को निचली लाइन से जोड़ दिया जाता है । तब कार्पेट गार्डिंग की जाती है जो ऊपर वाली लाइन के लिए भी होती है अपर गार्ड वायर को वर्टीकल लेसिंग से जोड़ दिया जाता है ।
- गार्डिंग के लिए एल टी लाइन हेतु 10 एसडब्ल्यूजी और एचटी लाइनों हेतु 8 एसडब्ल्यूजी जीआई वायर उपयोग करते हैं ।
- सड़क क्रॉसिंग और गार्डिंग के समय गार्डिंग एलटी लाइन के न्यूट्रल से 610 एमएम (2 फुट) तथा 11 केवी फेज से 650 एमएम (2.25 फुट) और 33 केवी फेज से 840 एमएम (2.75 फुट) दूरी पर होनी चाहिए ।
-

19

डिस्चार्ज रोड/अर्थ रोड उचित उपयोग

डिस्चार्ज रोड/अर्थ रोड उचित उपयोग

डिस्चार्ज रोड–

डिस्चार्ज रोड लाइन कर्मचारी के लिए जीवन रक्षक कवच का कार्य करती है । डिस्चार्ज रोड का इस्तेमाल/प्रयोग पावर लाइन से स्टेटिक और इंडकशन चार्ज को हटाने के लिए किया जाता है । इसका विधिवत उपयोग मनुष्य को लाइन के संपर्क में आने से पूर्व लाइन को बंद करके जीवन को सुरक्षित बचा लेता है । डिस्चार्ज रोड एक ठोस लकड़ी/बांस (लगभग 5 फीट/1.5 मीटर लम्बाई) की जिसके एक सिरे पर कापर हुक के साथ नट - बोल्ट से लगभग 10 मीटर लम्बाई(7/20 एस डब्ल्यू जी) का इंसुलेटिड कॉपर वायर/तार कसा होता है । लाइन बंद कराकर परमिट प्राप्त करने के उपरांत भी जिस पोल अथवा डीपी पर चढकर कार्य करना होता है उसकी जड़ में लगे अर्थ टर्मिनल , अर्थ वायर (जीआई/फ्लेट) में डिस्चार्ज रोड में लगे पीवीसी वायर का खुला सिरा कस कर डिस्चार्ज रोड को अर्थ से मजबूती से संयोजित कर लिया जाय तत्पश्चात लाइन कर्मी डिस्चार्ज रोड को तिरछा (45 डिग्री कोण) पकड़ कर, कॉपर हुक वाला सिरा ऊपर उठाते हुए पोल पर चढ़े । जैसे ही कॉपर वायर हुक विद्युत लाइन के तार की फ्लेश ओवर परिधि/सीमा में पहुचेगा यदि लाइन त्रुटिवश चालू है तो फ्लेश ओवर होगा एवं लाइन बंद हो जाएगी, कर्मचारी सुरक्षित रहेगा । यदि लाइन बंद है तब भी कॉपर हुक से डिस्चार्ज रोड को पोल/डी पी के दोनों ओर तारों पर लटकाने से किसी भी अप्रत्याशित करेंट से कर्मचारी पूर्ण सुरक्षित रहेगा ।

डिस्चार्ज रोड निम्नलिखित प्रकार की दुर्घटनाओं से हमारा बचाव करता है - -

1. प्रयोग करने से पहले यह सुनिश्चित कर लें कि तार ठीक हैं अर्थात कंटीनयुटी (निरंतरता) चेक कर लें, और तार के सिरे साफ हैं । तार के पक्के कनेकशन बनायें और इसके लिए नट बोल्ट से अर्थ पॉइंट बनायें।

अगर नट - बोल्ट का प्रयोग संभव न हो तो अर्थ वायर के सिरे को खींच कर लपेट दें और उसे मजबूती के साथ अर्थिंग से बांध दें । ऐसी हालत में अर्थिंग का ठीक ठाक होना और उसकी निरंतरता चेक करना जरूरी है । यदि उस स्थान पर अर्थ पॉइंट नहीं है तब भी अपना अस्थाई अर्थ (एक अर्थ रोड गाढ़कर , उसमें पानी डालना) बनाकर अर्थिंग्ग का उपयोग करना चाहिए ।

1 – अ – कार्य शुरू करने से पहले अर्थ रोड को पहले अर्थ करते हैं और उसके बाद लाइन व उपकरण को डिस्चार्ज करते हैं और कार्य उपरांत / बाद में पहले अर्थ रोड को लाइन / उपकरण से हटाते हैं और बाद में अर्थिंग पॉइंट से निकालते हैं ।

1. लाइन को अर्थ रोड से डिस्चार्ज करते समय रबड़ दस्तानों का प्रयोग जरूर करें ।
2. एल टी लाइन पर काम करते समय पहले न्यूट्रल को और बाद में फेस को डिस्चार्ज करें । इसके बाद डिस्चार्ज रोड को पहले अर्थिंग से बांध दें और बाद में एक -एक करके फेज को डिस्चार्ज करें ।
3. लाइन का काम शुरू करने से एक पोल पहले डिस्चार्ज कर लेनी चाहिए । इसके बाद अगले पोल पर भी काम शुरू करें ।
4. जब तक काम खत्म न हो जाए डिस्चार्ज रोड को लाइन पर रखें रहें।
5. काम पूरा करने के बाद और पोल से उतरने से पहले डिस्चार्ज रोड को उतार दें । ऐसा करते समय पहले दस्ताने उतारे । सभी रोडों को उतारने के बाद अर्थिंग हटा दें ।
6. इसके बाद अगर देखें कि कुछ काम तब भी बचा है या लाइन पर कोई टी एंड पी आदि रह गई है ,तो लाइन पर तब तक न चढ़े जब तक लाइन को फिर से डिस्चार्ज नहीं किया जाता । अक्सर देखा गया है कि ऐसीहालत में क्षण मात्र में दुर्घटना हो जाती है । इसलिए खतरा न उठाएँ और जल्दबाज़ी न करें । डिस्चार्ज रोड का कोई विकल्प नहीं है ।

डिस्चार्ज रोड निम्नलिखित प्रकार की दुर्घटनाओं से हमारा बचाव करता हैं- -

1. उपभोक्ता अपना जेनरेटर सेट स्टार्ट कर सकता है ।
2. कोई शरारती व्यक्ति अनजाने ही लाइन में बिजली छोड़ सकता है ।
3. शट-डाउन के अंतर्गत आने वाले क्षेत्र की लाइन में किसी अन्य स्रोत से बिजली आ सकती है ।
4. अगर लाइन क्रासिंग पर गार्डिंग नहीं लगाई गई है तो पावर स्विंग के चलते लाइन चार्ज हो सकती है ।
5. लाइन क्लियर परमिट तो दिया गया है ,लेकिन लाइन खोलना भूल गए ।
6. आपरेटर भूल सकता है कि लाइन का परमिट दिया गया है और वह टेस्टिंग आदि के लिए लाइन चार्ज कर सकता है ।

7. आपरेटर को लाइन फीडिंग की स्थिति का पता ही न हो ,क्योकि वह लंबी छुट्टी आदि से लौटा है ।

8. डिस्चार्ज रोड का इस्तेमाल अन्य प्रकार की दुर्घटनाओं से भी बचाव करता है ।

जब तक अर्थ वायर या न्यूट्रल डिस्चार्ज न की गई हो ,तब तक उसे चार्ज समझना चाहिए । लाइन के स्टेटिक चार्ज , इंडकशन अथवा फाल्ट करेंट के कारण चार्ज हो जाने की संभावना है । इसलिए लाइन पर काम 'शुरू करने से पहले उसे डिस्चार्ज कर लें ।

डिस्चार्ज रोड का रखरखाव –

1. डिस्चार्ज रोड को कभी भीगी हालत में न रखें ।

2. सुनिश्चित करें कि डिस्चार्ज रोड के सभी सभी तार ठीक ठाक हैं ।

3. डिस्चार्ज रोड के हुक पर जमा कार्बन नियमित रूप से साफ करते रहना चाहिए ।

4. तारों की निरंतरता (कंटयूनिटी)को नियनित रूप से टेस्ट करते रहें ।

सावधानी - -

1 – अर्थिंग तार के लगाते समय यह ध्यान रखना चाहिए कि डिस्चार्ज रोड का हुक कॉपर वायर अपने शरीर से 3 से 4 फीट (लगभग एक मीटर) दूर हो ।

2- अर्थिंग रोड का इस्तेमाल करते समय रबड़ दस्तानों और गम बूट पहना अधिक सुरक्षित है ।

3- अर्थिंग तार की समय -समय पर निरंतता (कंटयूनिटी) चेक करते रहना चाहिए ।

4 - डिस्चार्ज रोड पुरानी या टूटी न हो । कॉपर वायर हुक पर नट द्वारा अच्छी तरह से कसा होना चाहिए । कॉपर हुक एवं तार के सिरे साफ रखने चाहिए ।

20

लेखक

रनवीर सिंह (Ranvir Singh)

रनवीर सिंह (तोमर) आत्मज स्व. श्री दिलीप सिंह

जन्म – 02 जुलाई 1955

जन्म स्थान - गांव - नगला भूपसिंह, डाकघर - पिसावा, जिला अलीगढ़, उत्तर प्रदेश 202155.

शिक्षा – बी. एस सी. इंजीनियरिंग (इलेक्ट्रिकल) अलीगढ़ मुस्लिम यूनिवर्सिटी अलीगढ़ उ.प्र. (1978).

सेवा – मध्य प्रदेश विद्युत मंडल (1979 से 2015), 36 वर्ष, सेवानिवृत्त - अति. मुख्य अभियन्ता.

वर्तमान – फेकल्टी मेम्बर पावर डिस्ट्रीब्यूशन ट्रेनिंग सेंटर भोपाल.

वर्तमान निवास – मकान न. डुप्लेक्स - 11, कुटुम्ब अपार्टमेंट बलवन्त नगर, यूनिवर्सिटी रोड ठाठीपुर, ग्वालियर म.प्र. 474002.

अभिरुचि – पुस्तक अध्ययन, इलेक्ट्रिकल विषयों पर लेक्चर देना, सामाजिक गतिविधियाँ, वृक्षारोपण कार्य आदि.

अणु डाक – er.rsingh55@gmail.com , चलित दूरभाष +91 9425137463 .

प्रकाशित पुस्तकें – चौरासी का चक्कर, ऊर्जा संरक्षण एवं अक्षय उर्जा, विद्युत – सुरक्षा एवं उपचार, जाट संत, विद्युत वितरण संचालन और संधारण, जटवारा चम्बल सिंध, ज्योतिष और भारतीय पर्व, विद्युत ऊर्जा मीटर. (प्रकाशक – नोशन प्रेस/Notion Press, वितरक – नोशन प्रेस, अमेज़न, फिल्पकार्ट).

उपकरण अर्थिंग कंडक्टर साइज

उपकरण अर्थिंग कंडक्टर साइज (ट्रांसफार्मर, मोटर, स्विचगीयर आदि) -

अर्थ कंडक्टर का साइज (अनावृत तांबा/कॉपर , - पीवीसी इंसुलेटिड एल्यूमिनियम , - जीआई)

क्रमांक, - - 400 वोल्ट 3 फेज की रेटिंग – 50 हर्टज़, (अनावृत तांबा, - पीवीसी इंसुलेटिड एल्यूमिनियम , - जीआई)

1- - - 5 तक, - - - (14 एसडब्ल्यूजी, - 16 वर्ग मिमी, - 7/22)

2 - - - 6 से 15 तक, - - - (10 एसडब्ल्यूजी, - 16 वर्ग मिमी, - 8 एसडब्ल्यूजी)

3 - - - 16 से 50 तक, - - - (10 एसडब्ल्यूजी, - 16 वर्ग मिमी,- 1"x1/16" स्ट्रिप)

4 - - - 51 से 75 तक, - - - (8 एसडब्ल्यूजी, - 25 वर्ग मिमी, - 1"x1/16" स्ट्रिप)

5 - - - 76 से 100 तक, - - - (6 एसडब्ल्यूजी, - 35 वर्ग मिमी, - 1"x1/8" स्ट्रिप)

6 - - - 101 से 125 तक, - - - (4 एसडब्ल्यूजी,- 50 वर्ग मिमी, - 1"x1/4" स्ट्रिप)

7 - - - 126 से 150 तक, - - - (2 एसडब्ल्यूजी, - 1"x1/16" स्ट्रिप, -70 वर्ग मिमी , - 1"x1/4" स्ट्रिप)

8 - - - 151 से 200 तक, - - - (1"x1/16" स्ट्रिप - 70 वर्ग मिमी, - 1"x1/4" स्ट्रिप)

9 - - - 201 से अधिक, - - - (1"x1/18" स्ट्रिप - 70 वर्ग मिमी, - 2"x1/4" स्ट्रिप)

ट्रांसफार्मर न्यूट्रल अर्थिंग कंडक्टर साइज

ट्रांसफार्मर न्यूट्रल अर्थिंग कंडक्टर साइज

क्रमांक, - ट्रांसफार्मर केवीए रेटिंग , - ट्रांसफार्मर न्यूट्रल अर्थिंग कंडक्टर साइज (इलेक्ट्रोलाइटिक बेयर कापर कंडक्टर या स्ट्रिप, - इंसुलेटिड (पीवीसी) सिंगल कोर स्ट्रेंडिड एल्यूमिनियम, - जीआई कंडक्टर या स्ट्रिप)

1, - 50 केवीए तथा कम, - (8 एसडब्ल्यूजी , - 16वर्ग मिमी, - 1" x1/8"(25 x3 मिमी))

2, - 75 केवीए तथा कम, - (8 एसडब्ल्यूजी, - 25 वर्ग मिमी, - (1-1/2)" x1/14"(40 x6 मिमी))

3, - 100 केवीए तथा कम, - (4 एसडब्ल्यूजी, - 35 वर्ग मिमी, - (1-1/2)" x1/14"(40 x6 मिमी))

4, - 150 केवीए तथा कम, - (2 एसडब्ल्यूजी या 1"x1/16' एसडब्ल्यूजी, - 70 वर्ग मिमी, - (1-1/2)" x1/14"(40 x6मिमी))

5, - 200 केवीए तथा कम, - (1"x1/16" एसडब्ल्यूजी, - 95 वर्ग मिमी, - (1-1/2)" x1/14"(40 x6 मिमी))

6, - 250 केवीए तथा कम, - (1"x1/18" एसडब्ल्यूजी, -150 वर्ग मिमी,- (1-1/2)" x1/14"(40 x6मिमी))

7, - 300 केवीए तथा कम, - (1"x1/18" एसडब्ल्यूजी, - 225 वर्ग मिमी, - (1-1/2)" x1/14"(40 x6 मिमी))

8, - 500 केवीए तथा कम, - (1"x1/14" एसडब्ल्यूजी, -300 वर्ग मिमी, - 2"x1/4"(50 x6 मिमी))

9, - 750 केवीए तथा कम, - ((1-1/2)"x1/14" एसडब्ल्यूजी, - 2x225 वर्ग मिमी या 1x500वर्ग मिमी)

500 केवीए से अधिक में केबिल तांबा या एल्यूमिनियम का प्रयोग किया जाता है

750 केवीए से अधिक के लिए अर्थ लीड के साइज का निर्धारण आईएस 1886/1961 के अनुरूप किया जाता है ।

एसडब्ल्यूजी (स्टैंडर्ड वायर गेज) और डाइमीटर (मिमी) तालिका

एसडब्ल्यूजी (स्टैंडर्ड वायर गेज) और डाइमीटर (मिमी) तालिका :- -

क्रमांक, - एसडब्ल्यूजी (SWG) (फ्यूज वायर) , - डाइमीटर (मिमी mm) , - औसत करेंट क्षमता एम्पीयर (Amp) में

1, - 7/0 (SWG), - 12.700 (mm), - 354.7 (Amp)

2, - 6/0 (SWG), - 11.786 (mm), - 305.5 (Amp)

3, - 5/0 (SWG), - 10.973 (mm), - 264.8 (Amp)

4, - 4/0 (SWG), - 10.160 (mm), - 227.0 (Amp)

5, - 3/0 (SWG), - 09.449 (mm), - 196.3 (Amp)

6, - 2/0 (SWG), - 08.839 (mm), - 171.8 (Amp)

7, - 0 (SWG), - 08.230 (mm), - 148.9 (Amp)

8, 1 (SWG), - 07.260 (mm), - 127.7 (Amp)

9, - 2 (SWG), - 07.010 (mm), - 108.1 (Amp)

10, - 3 (SWG), - 06.401 (mm), - 90.1 (Amp)

11, - 4 (SWG), - 05.893 (mm), - 76.4 (Amp)

12, - 5 (SWG), - 05.385 (mm), - 63.48 (Amp)

13, - 6 (SWG), - 04.877 (mm), - 52.30 (Amp)

14, - 7 (SWG), - 04.470 (mm), - 44.20 (Amp)

15, - 8 (SWG), - 04.064 (mm), - 33.30 (Amp)

16,- 9 (SWG), - 03.658 (mm), - 26.50 (Amp)

17, - 10 (SWG), - 03.251 (mm), - 21.20 (Amp)

18, - 11 (SWG), - 02.946 (mm), - 16.60 (Amp)

19, - 12 (SWG), - 02.642 (mm), - 13.50 (Amp)

20, - 13 (SWG), - 02.337 (mm), - 10.50 (Amp)

21, - 14 (SWG), - 02.032 (mm), - 8.30 (Amp)

22, - 15 (SWG), - 01.829 (mm), - 6.60 (Amp)

23, - 16 (SWG), - 01.626 (mm), - 5.20 (Amp)

24, - 17 (SWG), - 01.422 (mm), - 4.10 (Amp)

25, - 18 (SWG), - 01.219 (mm), - 3.20 (Amp)

26, - 19 (SWG), - 01.016 (mm), - 2.60 (Amp)

27, - 20 (SWG), - 0.914 (mm), - 2.00 (Amp)

28, - 21 (SWG), - 0.813 (mm), - 1.60 (Amp)

29, - 22 (SWG), - 0.711 (mm), - 1.20 (Amp)

30, - 23 (SWG), - 0.610 (mm), - 1.00 (Amp)

31, - 24 (SWG), - 0.559 (mm), - 0.80 (Amp)

32, - 25 (SWG), - 0.508 (mm), - 0.60 (Amp)
33, - 26 (SWG), - 0.4572 (mm), - 0.50 (Amp)
34, - 27 (SWG), - 0.4166 (mm), - 0.40 (Amp)
35, - 28 (SWG), - 0.3759 (mm), - 0.30 (Amp)
36, - 29 (SWG), - 0.3454 (mm), - 0.23 (Amp)
37, - 30 (SWG), - 0.3150 (mm), - 0.232 (Amp)
38, - 31 (SWG), - 0.2946 (mm), - 0.210 (Amp)
39, - 32 (SWG), - 0.2743 (mm), - 0.18 (Amp)
40, - 33 (SWG), - 0.2540 (mm), - 0.16 (Amp)
41, - 34 (SWG), - 0.2337 (mm), - 0.13 (Amp)
42, - 35 (SWG), - 0.2134 (mm), - 0.11 (Amp)
43, - 36 (SWG), - 0.1930 (mm), - 0.09 (Amp)
44, - 37 (SWG), - 0.1727 (mm), - 0.07 (Amp)
45, - 38 (SWG), - 0.1524 (mm), - 0.06 (Amp)
46, - 39 (SWG), - 0.1321 (mm), - 0.04 (Amp)
47, - 40 (SWG), - 0.1219 (mm), - 0.023 (Amp)
48, - 41 (SWG), - 0.1118 (mm), - 0.019 (Amp)
49, - 42 (SWG), - 0.1016 (mm), - 0.016 (Amp)
50, - 43 (SWG), - 0.0914 (mm), - 0.013 (Amp)
51, - 44 (SWG), - 0.0813 (mm), - 0.010 (Amp)
52, - 45 (SWG), - 0.0711 (mm), - 0.008 (Amp)
53, - 46 (SWG), - 0.0616 (mm), - 0.006 (Amp)
54, - 47 (SWG), - 0.0508 (mm), - 0.004 (Amp)
55, - 48 (SWG), - 0.0406 (mm), - 0.003 (Amp)
56, - 49 (SWG), - 0.0305 (mm), - 0.0015 (Amp)
57, - 50 (SWG), - 0.0254 (mm), - 0.001 (Amp)

ट्रांसफार्मर फ्यूज रेटिंग/क्षमता : - वितरण ट्रांसफार्मर 11/0.4 केवी

ट्रांसफार्मर फ्यूज रेटिंग/क्षमता : - वितरण ट्रांसफार्मर 11/0.4 केवी --

क्रमांक, - ट्रांसफार्मर क्षमता केवीए, - एचटी (11केवी) फुल लोड करेंट (डीओ फ्यूज), - एलटी (0.4 केवी) फुल लोड करेंट , - एलटी (0.4 केवी) साइड में लगने वाले टीसी फ्यूज वायर, - एलटी की तरफ पीवीसी सिंगल कोर केबिल दो सर्किट बनाने के लिए

1,- 10 केवीए, - एचटी - 0.5 एम्पीयर, - एलटी - 12.5 एम्पीयर, टीसी फ्यूज - 28 एसडब्ल्यूजी, - एलटी केबिल - 16x4 वर्ग मिमी

2, - 16 केवीए, - एचटी - 0.75 एम्पीयर, - एलटी - 24 एम्पीयर, टीसी फ्यूज -22 एसडब्ल्यूजी, - एलटी केबिल - 16x4 वर्ग मिमी

3, - 25 केवीए, - एचटी - 1.25 एम्पीयर, - एलटी - 34 एम्पीयर, टीसी फ्यूज -20 एराडब्ल्यूजी, - एलटी केबिल - 25x3+16x1 वर्ग मिमी

4, - 63 केवीए, - एचटी - 3.0 एम्पीयर, - एलटी - 85 एम्पीयर, टीसी फ्यूज -18 x 2 एसडब्ल्यूजी, - एलटी केबिल - 50x3+25x1 वर्ग मिमी

5, - 100 केवीए, - एचटी - 5.0 एम्पीयर, - एलटी - 133 एम्पीयर, टीसी फ्यूज - 12/13 एसडब्ल्यूजी, - एलटी केबिल - 70x3+50x1 वर्ग मिमी

6, - 200 केवीए, - एचटी - 10.0 एम्पीयर, - एलटी - 266 एम्पीयर, टीसी फ्यूज - 14 x 2/17 x 1 एसडब्ल्यूजी, - एलटी केबिल - 150x3+70x1 वर्ग मिमी

7, - 315 केवीए, - एचटी - 15.0 एम्पीयर, - एलटी - 418 एम्पीयर, टीसी फ्यूज - 12 x 2/13 x 1 एसडब्ल्यूजी, - एलटी केबिल - 240x3+150x1 वर्ग मिमी

8, - 500 केवीए, - एचटी - 25.0 एम्पीयर, - एलटी - 665 एम्पीयर, एचआरसी फ्यूज , - एलटी केबिल - 400x3+300x1 वर्ग मिमी

9, - 1000 केवीए, - एचटी - 50.0 एम्पीयर, - एलटी - 1330 एम्पीयर, एचआरसी फ्यूज , - एलटी केबिल - 440x3+300x1 वर्ग मिमी के चार सर्किट

पावर ट्रांसफार्मर फ्यूज रेटिंग/क्षमता : - पावर ट्रांसफार्मर 33/11 केवी

पावरट्रांसफार्मर फ्यूज रेटिंग/क्षमता : - पावर ट्रांसफार्मर 33/11 केवी : -

क्रमांक, - ट्रांसफार्मर क्षमता एमवीए, - एचटी (33 केवी) फुल लोड करेंट, - एलटी (11 केवी) फुल लोड करेंट , एचटी (33 केवी) - फ्यूज साइज, - एलटी (11 केवी) - फ्यूज साइज

1, - 1.0 एमवीए, - करेंट - (33 केवी) - 17 एम्पीयर, (11 केवी) - 52 एम्पीयर, फ्यूज (33 केवी) - 15 एम्पीयर, फ्यूज (11 केवी) - 50एम्पीयर

2, - 1.6 एमवीए, - करेंट - (33 केवी) - 28 एम्पीयर, (11 केवी) - 85 एम्पीयर, फ्यूज (33 केवी) - 25 एम्पीयर, फ्यूज (11 केवी) - 75 एम्पीयर

3, - 3.15 एमवीए, - करेंट - (33 केवी) - 55 एम्पीयर, (11 केवी) - 163 एम्पीयर, फ्यूज (33 केवी) - 50 एम्पीयर, फ्यूज (11 केवी) - 150 एम्पीयर

4, - 5.0 एमवीए, - करेंट - (33 केवी) - 87.5 एम्पीयर, (11 केवी) - 262 एम्पीयर, फ्यूज (33 केवी) - 75/80 एम्पीयर, फ्यूज (11 केवी) - 225/240 एम्पीयर

5, - 8.0 एमवीए, - करेंट - (33 केवी) - 136 एम्पीयर, (11 केवी) - 408 एम्पीयर, फ्यूज (33 केवी) - 125/130 एम्पीयर, फ्यूज (11 केवी) - 375/400 एम्पीयर

- नोट - पावर ट्रांसफार्मर के एलटी (11 केवी) साइड में वीसीबी का उपयोग करते हैं तथा 3.15 एमवीए व उससे अधिक क्षमता के पावर ट्रांसफार्मर के एचटी साइड भी वीसीबी का उपयोग करते है ।